上海交通大学
人文社会科学成果文库

国家自然科学基金面上项目"区域房价分化与家庭资产配置：机制、识别及政策含义"
（批准号：71774057）成果

住房对城市居民家庭资产配置行为的影响及其经济社会效应研究

张传勇 著

Research on the Impact of Housing on
the Asset Allocation Behavior of
Urban Households and Its Economic and
Social Effects

上海交通大学出版社
SHANGHAI JIAO TONG UNIVERSITY PRESS

内容提要

由于房价的快速上涨和投资渠道的缺乏,家庭过于依赖住房投资,会影响到家庭资产配置行为并产生一系列的经济和社会效应。由此,本书探讨了不同房价风险背景下,中国居民家庭住房投资对家庭资产配置行为产生的影响及其经济和社会效应,如对家庭投资决策、消费支出结构、社会财富分配、地区经济增长差距、个人主观幸福感等方面产生的影响,旨在引导家庭合理投资、优化家庭消费结构、防止居民财富差距过大、促进地方社会经济的平稳健康发展。本书适合城市与住房研究领域的学者和从业者参考阅读。

图书在版编目(CIP)数据

住房对城市居民家庭资产配置行为的影响及其经济社会效应研究 / 张传勇著. —上海:上海交通大学出版社,2022.11
ISBN 978-7-313-22673-0

Ⅰ.①住… Ⅱ.①张… Ⅲ.①住房—影响—家庭—金融资产—配置—研究—中国 Ⅳ.①F299.233.1 ②TS976.15

中国版本图书馆 CIP 数据核字(2019)第 281740 号

住房对城市居民家庭资产配置行为的影响及其经济社会效应研究
ZHUFANG DUI CHENGSHI JUMIN JIATING ZICHAN PEIZHI XINGWEI DE
YINGXIANG JI QI JINGJI SHEHUI XIAOYING YANJIU

著　　者:张传勇

出版发行:上海交通大学出版社　　　　　　　地　　址:上海市番禺路 951 号
邮政编码:200030　　　　　　　　　　　　　　电　　话:021-64071208
印　　制:苏州市越洋印刷有限公司　　　　　　经　　销:全国新华书店
开　　本:710 mm×1000 mm　1/16　　　　　　印　　张:13.5
字　　数:198 千字
版　　次:2022 年 11 月第 1 版　　　　　　　　印　　次:2022 年 11 月第 1 次印刷
书　　号:ISBN 978-7-313-22673-0
定　　价:69.00 元

前　言

自 20 世纪 90 年代末期中国实施城镇住房制度改革以来,城市的商品房价格持续上升,影响了居民家庭的资产配置行为,并产生一系列的经济和社会效应。由此,本书旨在探讨不同城市房价风险背景下,中国居民家庭住房投资对家庭资产配置行为产生的影响及其经济和社会效应,如对家庭投资决策、消费支出结构、社会财富分配、地区经济增长差距、个人主观幸福感以及阶层自我认同等方面产生的影响。本研究丰富了住房投资与家庭资产配置的相关研究范畴,尤其在如何引导家庭合理配置资产、优化家庭消费结构、调整居民财富差距过大、促进经济社会的平稳健康发展等方面具有重要的指导意义。

本书共分为八章。其中,第一章为绪论,包括研究问题的提出、研究目标和思路、方法及学术贡献等;第二章梳理了住房投资对家庭资产配置行为的理论影响机制,并实证检验了住房投资对家庭资产配置行为的影响;第三章实证分析了住房投资、家庭财富对家庭消费结构的影响;第四章实证分析了住房所有权对于中国城市居民家庭财富分配的影响及其机制;第五章从理论和实证两方面分析了房价对于地区经济增长差距的影响;第六章从住房消费视角出发,通过对依附于其上的居住、权利、归属和投资等属性的分析,探讨住房所有权和住房条件对居民社会阶层认同产生的影响;第七章采用城镇家庭调查数据实证分析了住房条件、住房财富对个人主观幸福感的影响;第八章是本研究的结论及后续研究展望。

相比以往研究,本书可能的边际贡献有如下三点。第一,较为系统地梳理了住房对城市居民家庭经济和社会行为可能产生的影响,有助于丰富并完善住房研究的学理体系。本书区分了住房的净资产效应①和抵押负债效应,揭示出住房对家庭资产配置的影响及其经济和社会效应的微观机制。第二,实证分析了中国不同省区市或城市间房价差异较大可能产生的问题,如对居民财富不平等和地区间经济增长收敛的影响并检验相应的机制。第三,除评估上述经济效应之外,本研究还创新性地检验了住房对于居民阶层自我认同和主观幸福感的影响,这丰富了对于住房产权和住房条件差异的结果评价维度。

　　本研究主要有五点发现。第一,房价、家庭住房市值和住房增值都明显提升了家庭的主观风险偏好以及家庭的股市参与率;同时,房价和住房市值对于家庭资产配置行为的影响程度与家庭是否有购房抵押负债、是一套房还是多套房等条件紧密相关。第二,住房财富增加显著地提升了家庭在旅游支出等新兴消费方面的支出;其影响机制主要表现为财富效应,抵押负债效应并不显著。第三,自房改以来,住房自有率对中国地区居民家庭之间的财富不平等程度产生了显著的负向影响。其机制在于,房改初期,中低收入家庭住房自有率的上升,降低了财富不均等程度;而房改后期,房价快速上涨不仅导致整体住房自有率下降,还进一步拉大了有房与无房家庭之间的贫富差距。第四,受房价上涨的影响,我国地区经济增长不存在绝对收敛,但存在条件收敛,高房价通过影响该地区的劳动力迁移和企业选址决策,从而影响地区经济增长的收敛趋势。第五,房产和住房条件的社会效应表现为,拥有住房产权能够增强居民的阶层认同,且房产数量越多,住房面积越大,社区类型越好,居民阶层认同越高,住房成为识别阶层特征的重要因素;同时,获得住房产权和改善住房条件,能够显著提升家庭住房满意度,加速家庭财富积累,进而提升居民的主观幸福感。

　　从政策意义来看,在房价快速上涨的背景下,本研究为引导家庭合理配置资产、优化家庭消费结构、防止居民财富差距过大、促进经济社会的平稳健康发展等提供了科学依据。对于政府相关部门来说,首先,应当合理引导不同收入水平的居民家庭合理配置资产,实现家庭资产增值并提

①　本书中的净资产效应即净财富效应,但不等同于财富效应。财富效应可能包括负债部分。

高家庭经济福利。其次,应当注重提升全社会的住房福利,在解决住房带来的社会阶层认同分化等问题时,可以通过改善居民的住房条件以提升居民的幸福感、参与感和归属感。最后,还应着手建立合理的房产增值收益分配体系,防止社会财富差距过大,缓解住房不平等引起的社会阶层固化问题。

目 录

第一章

绪　论

第一节　本书研究的问题

　　"房奴"现象是当前中国重要的社会问题,同时也是家庭资产配置行为的直接反映。在全球范围内,家庭在资产配置方面都表现出住房持有率较高与股票市场参与不足等特点,普遍存在"资产配置之谜"[①]现象。美联储消费者金融调查(SCF,2013)公布的数据显示,美国大约 2/3 的家庭都持有房产,而中国的住房自有率更是高达 89.7%。从理论上来看,家庭偏好持有住房的原因在于,住房具有投资和消费的双重属性:作为耐用品,家庭可以获取住房的持久效用;而作为投资品,住房又是家庭财富的重要组成部分(Henderson and Ioannides,1983;Pelletier and Tunc,2019)。

　　对于中国的家庭来说,一方面,自 20 世纪 90 年代实施城镇住房改革后,国内房地产价格在较长一段时间内呈现持续性上涨现象,使得住房逐渐成为家庭投资的首选资产;另一方面,资本市场风险过大、投资渠道单一、投资收益不高等因素也致使家庭倾向于选择更为安全的住房投资。相比于其他金融资产,住房投资具有非流动性且往往伴随着抵押负债,由于它缺少分散风险的市场,经常被作为影响家庭资产配置行为的一种背景风险(Shiller

---

[①] "资产配置之谜"也称为家庭资产配置中的"有限参与之谜"或"股权溢价之谜"(Campbell,2006;吴卫星、钱锦晔,2010;尹志超、黄倩,2013)。根据标准的资产组合选择理论(Markowitz,1952;Samuelson,1969;Merton,1971),家庭应该参与所有存在的投资项目,在"理性经济人"假设的前提下,根据风险差异对资产进行配置,并且安全资产和风险资产配置的区别只在于投资者风险偏好的差异。但是,现实情况并非如此,股票投资在家庭资产配置中的比例并不高。

and Weiss,1999）。因此,研究住房投资对家庭资产配置的影响显得尤为重要。

家庭资产配置行为与家庭持有的净财富状况紧密相关。反过来,家庭持有的资产结构会影响到家庭的微观行为,又作用于社会的财富分配和再分配机制,成为居民家庭财富分布不均等的主要推动因素(Siloas,2007;Blundell and Etheridge,2010)。对于中国的情况,有学者通过对中国城镇居民收入调查数据进行分析后也证实,住房商品化是导致中国私有财富不平等的一个重要因素(何晓斌、夏凡,2012;Piketty et al.,2019;Zhang et al.,2021)。我国住房市场化改革以及城市化快速发展背景下的房价高涨,对我国城镇居民家庭财产差距拉大及其流动演化起着至关重要的作用,对此问题的研究具有十分重要的社会和福利意义。同时,家庭以住房财富为主的财产分布不均衡和居民消费率长期偏低已成为当前经济的重要矛盾(甘犁等,2013)。对于两者之间关系的论述成为近年来国内外学者关注的重点话题之一。

理论上,一般用财富效应(wealth effect)来刻画家庭资产价值的变化对消费需求产生的影响。在持久收入假说的前提下,家庭未预期到的资产价格上升或资产回报率提高将引致家庭财富升值,进而使得居民消费增长(Case et al.,2005;Campbell and Cocco,2007;李涛、陈斌开,2014)。但由于房价上涨无法一直持续下去,家庭为了购房和偿还贷款而需要压缩其他消费,又可能出现抵押负债效应(也称为房奴效应)(Gan,2010;陈彦斌、邱哲圣,2011;颜色、朱国钟,2013)。但到底哪种效应占据主导,仍无定论。因此,有必要探讨房价和住房财富对于家庭消费结构的影响,以及在房价快速上涨和住房财富日益分化的背景下,提升以家庭旅游消费为代表的新兴消费是否可行。进一步地,自20世纪90年代实施城镇住房制度改革以来,房价上涨和区域经济差距拉大几乎同步发生,房价与经济增长收敛之间有什么样的关系,特别是城市之间严重分化的住房价格是否会拉大区域经济差距并影响经济发展最终回归到稳态增长路径? 其作用机制又是什么? 此外,房价快速上涨可能产生的社会效应有哪些? 是否影响个人对于居住满意度和生活满意度的主观评价? 以上是本研究试图回答的问题。

党的十九大提出坚持"房子是用来住的,不是用来炒的"定位。对此,一方面应当抑制住房的投资属性,扩大居民的投资渠道,从而实现居民财富增值;另一方面,又涉及住房增值收益分配和住房公平问题。基于此,本研究的政策意义在于,通过厘清家庭持有住房资产与家庭资产配置行为的内在机制及其产生的经济和社会效应,可以为引导家庭资产合理配置实现财富增值、抑制房产过度投资、改善居民住房福利、防止居民财富差距过大以及提升全社会福利等方面提供重要的经验证据和政策参考。同时,本研究的结论对于提升我国居民消费需求、促进资本市场的发展以及提升区域资源要素的配置效率、优化区域经济结构从而促进地方经济的稳定健康发展提供了科学依据。

第二节 本书的研究目标、思路和结构安排

一、研究目标

本研究针对当前家庭在资产配置方面表现出的住房持有率较高与股票市场参与不足等"资产配置之谜"现象,试图在家庭金融的理论框架下,厘清住房投资影响家庭资产配置行为的理论机制及经济效应。本书的研究目标包括以下五点。

(1)针对当前家庭"资产配置之谜"现象,从影响家庭资产配置行为的因素入手,解释家庭资产配置行为偏差及参与约束的深层原因,揭示居民家庭资产配置行为的决策机制和内在机理;进一步地,通过分离住房的净资产效应和抵押负债效应,厘清住房投资影响家庭资产配置的微观机制和现实表现。

(2)以旅游消费作为家庭新兴消费的代表,研究家庭住房财富对家庭旅游消费的微观影响机制,同时分析家庭旅游消费支出对其他类别消费可能产生的影响,探讨高房价背景下提高家庭新兴消费是否可行。

(3)通过观察中国城市居民财富总量的演变趋势,发现财富不平等水

平呈"U"形特征,而收入不平等曲线的走势刚好相反。由此,分析住房自有率对中国居民家庭之间的财富不平等程度的影响并给出相应的理论解释。

(4)针对房价上涨和区域经济差距拉大几乎同步发生的现象,从理论上揭示高房价如何影响地区经济增长的收敛机制,以及在全国层面和区域层面的现实表现。

(5)在关注房价快速上涨产生的经济效应的同时,关注可能产生的社会效应,比如对居民的阶层自我认同和主观幸福感等方面产生的影响。

二、研究思路和结构安排

本研究按图1-1所示的技术路线来展开研究。① 提出研究问题:本研究基于近年来我国家庭资产配置总类和行为出现明显变化(尤其是普遍存在家庭"资产配置之谜"现象)、家庭资产配置行为的经济效应开始显现等现象,以及家庭金融理论研究相对滞后并存的现状。② 构建学理体系:通过对国内外相关文献进行梳理,从背景风险、家庭特征、社会文化以及经济环境四个方面对影响家庭资产配置的主要因素进行概括、提炼,并丰富家庭资产配置的学理体系。③ 微观机制:把住房纳入家庭资产配置的理论框架,从理论上梳理房价、家庭住房市值对家庭资产配置行为的影响,以及对投资、消费、财富差距和经济增长等方面产生的效应。④ 实证分析:基于微观调查数据和城市面板数据,对住房与家庭资产配置行为及其经济社会效应进行实证检验。⑤ 对策建议:根据以上研究结果,为家庭投资者、金融服务机构以及政府相关决策部门提供相应的建议。

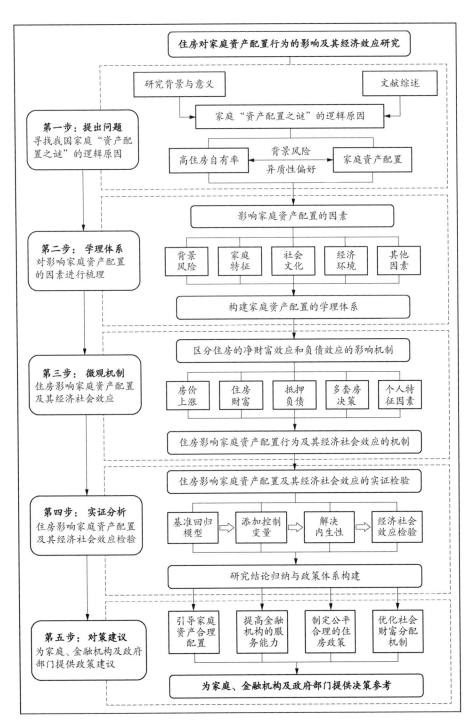

图 1-1 本研究的技术路线图

第三节　住房、家庭资产配置及其效应的理论分析

一、家庭资产配置存在"有限参与之谜"

解释"有限参与之谜"是家庭资产配置研究的焦点话题。参考高明和刘玉珍(2013)对于家庭资产配置影响因素的归纳提炼,产生"有限参与之谜"的原因,或是市场摩擦、劳动收入、融资约束等背景风险(Wachter and Yogo,2010;吴卫星、钱锦晔,2010),或是年龄、健康状况、教育背景等家庭人口特征(陈斌开、李涛,2011;Calvet and Sodini,2014),或是信任、社会互动等社会文化差异(李涛,2006,2007;周铭山等,2011;Renneboog and Spaenjers,2012;Guiso and Sodini,2013;Campbell et al.,2016),或是经济水平和金融发展程度的不同(何立新等,2008)。

(一) 背景风险

1. 市场摩擦

相关研究一般通过建立理论模型来考察市场摩擦对家庭金融资产配置的影响,认为在高风险厌恶水平下,较低水平的信息成本就足以解释家庭不持有股票的原因。对于私人业主资产投资者来说,信息不对称引起的外部融资成本和内源融资差异以及道德风险等因素,使得他们在消费、储蓄和投资选择上都与普通投资者存在显著差异(Chen et al.,2010)。

2. 劳动收入

劳动收入相当于家庭持有的一项无风险资产,决定着家庭持有风险资产的最优比例,因此研究劳动收入风险对家庭资产配置的影响非常重要(Cocco,2005)。Wachter 和 Yogo(2009)认为随着劳动收入的提高,家庭应优先配置权益类资产并减少股票的持有比例。持类似观点的还有 Lynch 和 Tan(2011),他们通过实证研究也发现,家庭劳动收入风险的波动率与股票收益负相关,劳动收入会降低投资者的最优股票持有比例。但 Benzoni 等(2007)却发现长期来看劳动收入与股票收益存在正相关关系。

3. 融资约束

当存在融资约束时,投资者的预期收益受储蓄和资产积累的影响会更加敏感。若收入波动是长久的,那么他们将倾向于持有一些资产来使其免受收入波动风险的影响(Cocco,2005)。

4. 资产替代

由于缺少分散房产风险的市场,房产被认为是影响大多数家庭的一种背景风险(Shiller and Weiss,1999)。Cocco(2005)、Yao 和 Zhang(2005)以及 Campbell(2006)的研究都发现,房产排挤了家庭的股票投资,并且对于年轻和低净值家庭来说更加显著。吴卫星和钱锦晔(2010)对中国家庭调查数据的研究也发现,家庭净财富中住房投资和股票投资存在反向替代关系。

（二）家庭特征

1. 家庭结构

Guiso 等(1996)、Agnew 等(2003)以及史代敏和宋艳(2005)都研究了年龄、性别、婚姻状况、工资和工作期限等对家庭资产配置的影响。Bertaut 和 Starr-MeCluer(2002)以及 Amerkis 和 Zeldes(2004)通过对美国的实证研究发现,家庭参与风险资产市场的比例随年龄呈现驼峰形特点,即存在比较明显的"年龄效应";而一旦参与,股权比例在各年龄群体中似乎都固定不变,年龄对持股的影响主要表现在是否持有股票的决策上。这与古典的"近视"组合理论相矛盾。然而,它又几乎是一个全球性的现象,在欧洲国家和日本也基本如此(Guiso and Jappelli,2005;Kohei and Iwaisako,2010)。

2. 教育背景

教育因素对于家庭是否参与股票投资以及持有股票比例的多少有显著影响(Calvet and Sodini,2014)。因为对于高教育水平的投资者来说,他们往往具备更优的投资能力(Graham et al.,2009;陈斌开、李涛,2011),而低教育水平的投资者不参与股票投资则是避免投资损失的理性选择(Campbell,2006)。同样,家庭具有较高的金融认知能力会提高家庭的股市参与率(Brown et al.,2005)。韩立岩和杜春越(2011)研究了中国不同地区之间城镇家庭的消费差异,认为教育对于中西部地区家庭消费的影响更为重要。

3. 健康状况

Rosen 和 Wu(2004)认为家庭的风险态度与健康状况有关,健康状况较好的家庭偏好持有风险资产。Berkowitz 和 Qiu(2006)却认为健康状况与家庭资产配置不存在直接的关系,而是通过影响家庭的财富总量来影响家庭的资产组合。雷晓燕和周月刚(2010)以及吴卫星等(2011)采用中国的调查数据发现,健康状况虽然不是决定家庭是否持有风险资产的主要因素,但对家庭持有风险资产的比例却有着显著的影响。

(三) 社会文化

一般认为,社会文化的范畴包括传统观念、信任、社会互动以及宗教信仰等。

1. 传统观念

Breuer 等(2014)就民族文化对家庭资产结构的影响进行了跨国比较分析。在家庭养老方面,李涛和李红(2004)以 OECD 成员为例,发现养老金投资规模对投资者保护和资本市场效率没有显著影响,但可以扩大资本市场规模,提高流动性。郭庆旺等(2007)通过理论模型和数值模拟说明,相比于现收现付型社会养老保障,传统文化信念提供了家庭养老保障和人力资本内生积累机制,更有利于经济增长,且中国的现实数据实证研究支持了这一观点。但是,孙涛和黄少安(2010)发现基于代际支持的家庭养老模式难以持续,同时也不稳定。

2. 信任

信任与家庭资产配置的关系为:信任感较低的家庭倾向于持有安全资产,尤其是住房资产(El-Attar and Poschke,2011);而信任感较高的家庭往往持有较高比例的金融资产,且不太会出现贷款违约(Jiang and Lim,2018)。此外,信任对家庭股市参与比例和家庭收入也都存在一定的影响(Guiso and Jappelli,2005;Campbell et al.,2016),甚至可以用来解释美国养老储蓄不足现象(Lusardi et al.,2009)。

3. 社会互动

社会互动会影响家庭投资决策,家庭的社会化能力和较多的社会参与可以提高家庭的风险投资能力,并对家庭购买股票有较强的影响(Hong et al.,2004;Georgarakos and Pasini,2011;周铭山等,2011)。李涛(2006,2007)以及李涛和郭杰(2009)基于中国的调查访谈数据对居民的资产产品选择及金融市场参与问题进行了较为系统的研究,在较大范围内解释了社会互动、惯性参与对居民投资选择的影响。

(四) 经济环境

1. 经济水平

关于经济水平对家庭资产配置影响的文献多聚焦于国别比较,如 De Santis 和 Gérard(2006)针对大量的样本讨论了欧洲国家经济因素与家庭资产配置的关系。Christelis 等(2013)认为经济发展可以解释不同国家之间家庭投资率的差异,且对小投资者的影响更为显著。

2. 金融发展

长期来看,一国的金融发展与实体经济存在持续性关系,金融深化不仅有助于提升家庭收入和福利,同时也有助于减少家庭之间的收入差距(Beck et al.,2004;Gloede and Rungruxsirivorn,2012)。

3. 制度因素

从 20 世纪 90 年代中期开始,国内学者纷纷尝试从制度因素的角度为中国居民家庭资产配置相对单一(主要集中在银行存款上)做出解释(龙志和、周浩明,2000;臧旭恒等,2001)。于蓉(2006)认为这是因为中国的金融中介未发挥应有的作用。何立新等(2008)从城镇养老保险制度改革的角度来分析中国家庭储蓄率上升的原因。

从以上文献来看,虽然当前国内外学者对家庭资产配置的研究逐渐丰富,但相比金融学的其他分支,家庭金融领域至今还没有建立起统一且完善的学理体系。另外,以往文献对于家庭异质性偏好(如风险偏好、交易技术等)的考察还比较欠缺。如何在一个相对完善的家庭金融学理体系内,系统研究住房与家庭资产配置问题,是尚待进一步深入的研究领域。

二、住房投资影响家庭资产配置的可能机制

关于住房与家庭资产配置的理论模型可以追溯到默顿(Merton,1971)和萨缪尔森(Samuelson,1969)提出的基于生命周期的投资组合理论。理论

模型大多从微观结构出发,强调劳动收入、背景风险、借贷约束以及住房投资等因素对最优家庭资产配置的影响(吴卫星等,2010)。较早将住房纳入家庭资产配置模型的是格罗斯曼和拉罗克(Grossman and Laroque,1990),他们建立了一个家庭仅获取单一且不可分割耐用品效用的无限生命周期资产配置模型,他们认为非流动性资产的调整成本可以用来解释股权溢价之谜。进一步地,弗拉万和中川(Flavin and Nakagawa,2008)在格罗斯曼和拉罗克的基础上将耐用消费品和一般消费品同时引入效用函数后发现,在一个持续性时间框架下,住房模型和习惯偏好模型的结论基本一致,但实证分析更加支持住房模型。但格罗斯曼和拉罗克的住房—家庭资产配置模型存在两点明显的不足:一是没有考虑家庭的异质性偏好;二是没有将租房家庭(不持有房屋产权)和购房家庭(持有房屋产权)进行区分。此后,库科(Cocco,2005)建立了一个包含住房的资产配置决策模型,对租房和购房进行了区分,并得出房产排挤了家庭持有股票的结论,且对于年轻的投资者更加明显,这比较符合现实中家庭资产的累积过程。派阿泽斯等(Piazzesi et al.,2007)则建立了一个明确考虑住房作为资产和消费品的基于消费的资产定价(CCAPM)模型,用来探讨住房—消费资产定价模型对预期股票回报率的影响。该模型允许异质性时间偏好的存在。比利亚和克鲁格(Villaverde and Krueger,2011)通过建立一个一般均衡框架下的生命周期资产配置模型来分析耐用消费品对消费和资产配置的影响。

总体来看,目前关于住房—家庭资产配置的模型一般都是采用标准偏好的 CRRA 效用函数,这意味着没有区分家庭异质性偏好,也没有考虑家庭财富对家庭最优资产配置的影响,同时也难以考察跨期替代偏好结构。基于以上不足,国内外学者提出了将 Epstein-Zin 偏好用于分析家庭资产配置的建议,因为 Epstein-Zin 偏好在可变投资机会集下能更好地反映家庭资产的跨期最优配置特征(Epstein-Zin,1989;Gomes and Michaelides,2005;周铭山等,2011)。

正如上文所述,住房资产作为家庭财富的重要组成部分,一旦房价出现波动,对家庭的资产选择行为和资产组合都会产生较大的影响(Chetty et al.,2017)。但当前文献对于房产与家庭资产配置的内在关系并没有给出一致的观点：理论研究认为，住房投资由于增加了家庭的风险暴露和非流动性，会挤出家庭对股票等风险资产的需求（Grossman and Laroque，1990；Flavin and Yamashita，2002；吴卫星、钱锦晔，2010；Villaverde and Krueger，2011；Chetty et al.，2017）；但实证研究没有证实家庭投资住房和其他资产存在一种系统性关系（Fratantoni，1998；Cocco，2005）。两者出现偏差的原因在于：理论研究只关注住房投资对家庭总财富的影响，并没有严格地分离出住房投资对家庭资产配置产生的抵押负债效应，而两种效应的作用效果是相反的；同时，实证分析往往又忽视了住房选择与家庭资产配置行为之间可能产生的内生性关系。因此，从住房的非流动性和价格风险效应两大特点出发，可以归纳出住房可以通过财富资产效应和抵押负债效应两大机制影响家庭资产配置行为及资产配置结构（见图1-2）。

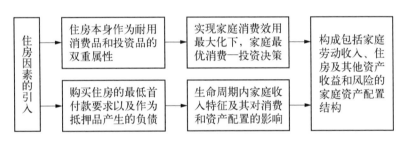

图1-2 住房影响家庭资产配置的可能机制

三、家庭资产配置与社会财富分配

家庭资产配置与社会财富分配的关系表现为：家庭财富状况会影响家庭的资产配置行为，但家庭资产配置结构的差异同样会反作用于家庭的财富积累以及整个社会的财富再分配。

首先，家庭财富状况会影响家庭的资产选择行为并决定着家庭的资产配置结构。家庭资产配置行为与家庭财富水平显著相关（Wachter and Yogo，2010），家庭资产组合基本上取决于家庭的财富总量。一般来说，金融资产在家庭总资产中的比例随着家庭财富总量的增加而递减，房产投资和企业股权投资的比例随年龄的增长而递增，且风险资产参与和家庭财富之间也有较强的关联性，较富裕的家庭倾向于投资更多的风险资产（Guiso and Jappelli,1996)。有些学者已使用证券公司的开户数据及税务部门的记录数据,对具体投资者行为及其财富分配效应进行了细致的刻画(Calvet and Sodini,2014)。通过对中国家庭的调查研究发现,总财富越多的居民家庭持有的金融资产比重越大,并且金融资产中高收益的风险性金融产品所占比重也越大(甘犁等,2013)。

其次,家庭持有的住房资产通过影响家庭的财富积累从而影响社会的财富分配。对于拥有完全住房产权的家庭来说,他们至少可以通过三个途径获取相应的收益:一是可以出售住房获得相应的溢价收益;二是可以通过出租房屋获得一定的租金收益;三是可以通过房产抵押从正规或非正规渠道获得贷款为投资和消费融资,从而可能获取一定的潜在收益(Wang,2012)。由于家庭在住房投资和资产配置行为方面存在差异,使得一部分居民家庭投资住房以及储蓄、股票、债券等资产获取的收益已超过工资收入(史代敏、宋艳,2005);且相比高收入群体来说,中低收入群体受住房租金收益的影响更加明显(张传勇,2018)。

最后,家庭资产配置结构又会影响社会财富的再次分配。总体上来看,家庭自有的住房资产改变了传统意义上居民家庭投资组合风险和收益的均衡关系,住房资产占家庭总财富的比值越高,家庭资产的整体风险和收益水平也会越高(黄凌灵、刘志新,2007);家庭总财富与家庭持有风险资产的比例成正比,并且家庭资产组合中的住房和金融资产都可能影响居民之间的财富积累和财富再分配;现有的居民金融资产结构会导致居民家庭间贫富差距进一步加大(张海云,2012)。家庭资产配置结构与家庭微观行为,又会反作用于社会财富的再分配,是居民家庭财富分布不均等的主要推动因素(Blundell and Etheridge,2010;Zhang et al.,2021)。

四、家庭资产配置的社会效应

正如前文所述,房价上涨不仅加速分化了有房家庭和无房家庭的财富积累差异,不同的房产本身还代表着不同的住房条件,以及附着在房屋产权上不同等的城市公共服务权利。

一方面,对于家庭来说,房价飞涨和住房条件不均等除了影响住房本身的条件和市场价值外,还包括房屋所带来的居住效用这一非市场价值(Piekałkiewicz,2017)。已有的研究发现,拥有房产及住房特征(如居住标准、房间数等)与个人的主观幸福感紧密相关(Knight et al.,2008;Knight and Gunatilaka,2010,2011;Chyi and Mao, 2012;Hu,2013;Cheng et al., 2016)。同时,住房区位越便捷、住房可负担性越高,家庭幸福程度越高(Florida et al.,2013)。此外,房产增值获取的经济收益和主观幸福感之间也存在较强的联系(Dolan et al.,2008)。但上述研究并没有揭示住房条件对个人主观幸福感的影响,特别是住房作为家庭主要资产和固定财富对居民主观幸福感产生的影响。

另一方面,住房产权及住房条件也成为透视现阶段中国社会贫富差距和阶层分化的重要视角,不仅在事实上形成了基于财富的阶层分化(张文宏、刘琳,2013),而且导致了相应的阶层认同的形成(刘祖云、毛小平,2012;张海东、杨城晨,2017),甚至可能形成一种新的基于财产或住房权利的分层秩序(李强、王美琴,2009)。基于上述逻辑,Clapham(2010)等学者提出,住房政策的有效实施必须要充分了解家庭整体生活满意度的决定因素。

第四节 本书的研究方法、贡献与展望

一、主要研究方法

(一)定性分析法

此方法体现在以下研究内容中:① 回顾国内外相关文献,从背景风险、家庭特征、社会文化以及经济环境四个方面梳理影响家庭资产配置的主要因素,并丰富相关领域的学理体系;② 从住房作为投资品和耐用消费品的双重属性入手,分析住房投资影响家庭资产配置的净资产渠道和抵押负债渠道,厘清住房影响家庭资产配置及其经济社会效应的理论机制等。

(二)计量分析法

本研究运用的计量方法包括普通最小二乘法(ordinary least squares, OLS)、固定效应(fixed effects)、概率和有序概率模型(probit model,ordered probit model)以及工具变量(IV 估计)等。① 在分析家庭住房投资与家庭股票市场参与率、家庭风险资产持有率等资产配置行为决策,以及住房特征对于居民家庭财富不平等、居民社会阶层认同和主观幸福感的影响时,其中基准回归分析主要涉及普通最小二乘法、固定效应、概率和有序概率模型等方法;② 由于受不可观测因素的影响,包括住房选择、房价与经济增长之间都可能存在潜在的内生性问题,本研究还采用了工具变量方法来进行分析。

二、本书的学术贡献

(1) 从住房投资入手对影响家庭资产配置行为的因素展开论述,进一步完善家庭资产配置的学理体系。本研究首先回顾了家庭金融理论的发展和家庭资产配置特征,并从背景风险、家庭特征、社会文化以及经济环境等方面对影响家庭资产配置的因素进行梳理和概括,丰富并完善家庭资产配置的学理体系,可为今后的学术研究和政策分析提供理论基础。

(2) 从住房的净资产渠道和抵押负债渠道入手,揭示住房影响家庭资产配置及其经济效应的微观机制。本研究把住房因素纳入家庭资产配置的研究范畴,通过对住房投资影响家庭资产配置的净资产渠道和抵押负债渠道进行分析,揭示了居民个人资产配置行为的决策机制和内在机理,从而对现实中家庭“资产配置之谜”现象做出理论上的解释。

(3) 拓展了家庭住房财富效应的研究范畴,进一步分离出家庭的抵押负债效应和净财富效应(净资产效应)。虽有学者探讨过家庭产权和住房财富对于耐用品和必需品消费的影响,但对于家庭旅游消费这类具有较高需求弹性的消费支出行为的研究还较为缺乏。此外,本书就旅游消费对家庭其他类型消费品可能产生的一致性和替代性效应分别进行了检验,探讨了提升家庭新兴消费的可行性。

(4) 针对住房所有权与居民财富不平等尚无一致性结论,本研究给出了中国证据,发现住房自有率对居民财富不平等有显著的负面影响。本书进一步将房改以来的时间段划分为不同阶段后发现,住房所有权影响居民财富不均等的机制为:房改初期住房自有率提高的财富创造效应和改革后期住房自有率下降的群体财富分化效应。因此,我们应关注提高中低收入群体的住房可得性,住房自有率的提升可作为经济转型期国家财富再分配的一个有效政策工具。

(5)创新性地研究地区房价水平差异对经济增长收敛性可能产生的影响及其理论机制。在理论机制上,提出高房价可以通过影响该地区的劳动力迁移和企业选址决策从而影响地区经济增长的收敛。

(6)通过区分住房附属的居住、权利、归属和投资等属性,探讨住房所有权和住房条件对居民社会阶层认同的影响机制;同时,本书还分析了住房条件和住房财富对个人住房满意度和主观幸福感的影响,这不仅有助于直观理解住房产生的社会效应,对有效落实"以人为本"的住房政策也具有重要的政策意义。

三、研究展望

诚然,受研究水平和条件所限,本研究也存在一些不足之处有待后续进一步完善。纵观全书,可能存在如下方面的不足之处。

(1)整体性理论模型的缺乏。虽然笔者尝试从多个方面研究高房价背景下,住房对于家庭、地方经济和社会等可能产生的一系列影响,但全书并没有一个统一的理论模型。

(2)数据和方法存在的缺陷。虽然本书尽可能利用了当前公开的微观家庭调查数据库,如中国综合社会调查(China General Social Survey,CGSS)数据库、中国家庭追踪调查(China Family Panel Studies,CFPS)数据库、中国家庭金融调查(China Household Finance Survey,CHFS)数据库、中国居民收入调查(China Household Income Projects,CHIPs)数据库,第五次和第六次的全国人口普查数据[①]以及各年份的《中国城市统计年鉴》和《中国统计年鉴》等,但由于数据调查样本的选择并不完全一致,因此难免存在选择偏差问题;同时,结合数据特征,本书选择多种计量模型进行估计且尽可能去解决可能的内生性等问题,但由于缺少外生的自然试验冲击,难以完全解决估计结果存在的偏误问题。

---

① 由于 2020 年最新开展的第七次全国人口普查数据在本书写作时尚未公开,因此本书未能采用。

（3）由于受到上述调查数据的限制，本书在研究住房的社会效应时并未能考察影响社会效应的更多住房条件相关因素，例如住房的地理位置、周边环境、是否开通天然气、供暖、供水等，这可能使得研究结论有所局限。随着社会调查水平的不断进步，这些内容将会有所完善。

研究中存在的以上不足之处，将是笔者后续研究重点要克服的地方。

第二章

房价、风险偏好与家庭资产配置

第一节 引 言

一、本章研究问题

自 20 世纪 90 年代实施城镇住房制度改革以来,中国的房地产市场在经历整体性房价上涨之后逐步呈现出明显的区位分化特征,2015—2017 年更是表现出一、二线城市房价"暴涨"与三、四线城市"去库存"并存的"冰火两重天"现象(见图 2-1)。统计显示,2007—2014 年中国的房价刚好翻了一番(Chivakul et al.,2015),但 2003—2013 年,上海、北京、深圳等一线城市的实际年均房价增长率高达 13.1%,远高于全国的平均房价增长率(Fang et al.,2016)。针对这一现象,中央工作会议提出"房子是用来住的,不是用来炒的"房地产市场定位,并重申要合理引导居民的预期和投资行为。这反映出不同城市的房价表现改变了居民家庭的投资决策行为,进而对当地的经济社会产生了一定的影响。

因此,本章旨在梳理住房影响家庭资产配置行为的理论框架以及家庭持有住房对家庭投资决策行为的理论影响机制,同时采用中国家庭金融调查数据进行实证分析。

二、本章内容安排

本章的结构安排及主要贡献如下: 第一,本章针对当前家庭在资产配置方面表现出住房持有率较高与股票市场参与不足等"资产配置之谜"现象,从家庭金融的学科视角,梳理住房投资影响家庭资产配置行为的理论框架。第

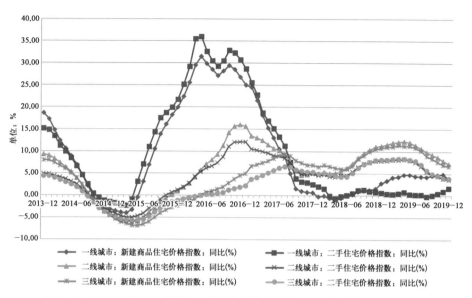

图2-1 2013—2019年我国70个大中城市新建和二手住宅价格指数(同比)

资料来源:国家统计局,wind资讯。

二,依次区分家庭房产是否增值、购房目的以及持有住房的净资产和负债等,全面检验房价、住房资产、住房增值等对于家庭风险偏好和资产配置行为的具体影响机制。第三,从地理异质性视角探讨家庭在面临差异化房价风险时可能做出的资产选择行为,如对股票等风险资产配置做出的反应等。这些研究均有助于补充当前国内外关于住房与家庭资产配置行为的研究发现,进而丰富该领域的研究范畴。此外,从政策意义来看,本章的研究结论对于抑制区域性房价泡沫、引导家庭资产合理配置、建立房地产分类调控机制并提升居民社会福利等方面的政策制定,提供了重要的经验证据和信息参考。

第二节 相关研究文献梳理

一、相关文献梳理

(一)家庭金融理论的演进

家庭金融(household finance)是近年来金融学研究的一个新兴领域,其核心内容在于,家庭通过不同的投资工具实现资产跨期优化配置,实现家庭长期消费效用最大化。随着金融产品的日益丰富和家庭金融实践的快速发展,国内外学者对于家庭资产配置的关注和研究不断增加(Campbell,2006;Tufano,2009;Guiso and Sodini,2013;王江等,2010;周铭山等,2011;高明、刘玉珍,2013;张传勇,2014a;张传勇,2014b;Badarinza et al.,2016;李凤等,2016;Cooper and Zhu,2017)。事实上,囿于家庭金融学科发展的历史原因和路径依赖性,以及这一领域研究的数据可得性限制和建模复杂性,相对于快速发展的实务领域,家庭资产配置相关理论研究还显得比较落后,学术界迫切需要改变家庭金融领域的研究现状。

根据标准的资产组合选择理论(Markowitz,1952),家庭应该参与所有存在的投资项目,在"理性经济人"假设的前提下,根据风险差异对资产进行配置,并且安全资产和风险资产配置的区别只在于投资者风险偏好的差异。但是,现实情况并非如此。20 世纪 80 年代末,美国只有约 1/4 的人参与股票市场并持有股票,到 20 世纪 90 年代末,在美国最富有的 10% 的家庭中持有股票的比例也只有 85%(Guo,2001);同样,Bueks 等(2009)根据美联储公布的消费者金融调查数据研究发现,大约 48.9% 的家庭完全没有股票投资。与美国类似,2017 年中国家庭金融调查报告显示,在全国家庭的人均财富中,房产净值的占比为 65.99%,在城镇和农村家庭的人均财富中,房产净值的比重分别为 68.68% 和 55.08%,而中国家庭的股票市场参与率仅有8.84%。可见,现实中的家庭资产配置"有限参与"的现象广泛存在,甚至无法得到满意的解释(Vissing-Jorgensen,2003;Bucks et al.,2009)。

(二) 住房与家庭资产配置的理论研究

由 Grossman 和 Laroque(1990)建立的 G-L 模型是较早将住房作为家庭单一不可分割的耐用品纳入家庭资产配置的基准模型。该模型从理论上分析了住房与家庭资产配置行为之间的关系,但由于没有考虑家庭的异质性偏好以及未区分租房和购房家庭而存在明显不足。之后,以 G-L 模型为基础,有不少学者对此进行了拓展。如 Cocco(2005)建立了一个区分家庭租房和购房行为的住房—家庭资产配置决策模型;Flavin 和 Nakagawa(2008)将家庭的一般消费品引入效用函数等。以上研究大致都得出了家庭持有房产会挤出家庭股票投资的结论。由于家庭资产配置行为存在跨期等时间异质性问题,Piazzesi等(2007)通过放松异质性时间偏好,构建了一个住房—消费资产定价模型(CCAPM)来研究住房对预期股票回报率的影响。Villaverde和Krueger(2011)在一般均衡框架下建立了生命周期的资产配置模型,来分析耐用消费品对消费和资产配置的影响。

基于上述理论,国内外有大量文献从多个角度探讨了房产与家庭资产配置行为及资产组合的关系,但就住房对家庭资产配置行为的影响并没有形成统一的观点。一方面,对于持有房产的家庭来说,房价上涨产生的"财富效应"可能会显著增强家庭的风险偏好,并使家庭投资于风险资产(Cocco,2005;Yao and Zhang,2005;Flavin and Nakagawa,2008;吴卫星等,2010;陈永伟等,2015;张光利、刘小元,2018)。另一方面,拥有房产也让家庭承担了未来房价不确定性的风险,甚至提高了有房屋抵押贷款家庭的还款压力,减少了家庭的流动性,降低了家庭持有风险资产的比例(Grossman and Laroque,1990;Flavin and Yamashita,2002)。

上述文献一般都是基于标准偏好的CRRA效用函数,没有区分家庭的异质性偏好以及跨期替代偏好结构,也没有严格区分出家庭持有房产对于家庭风险偏好和资产配置行为影响的可能机制。同时,以上研究大都基于将房产作为同质化资产这样一种假设,即假定家庭持有的住房资产具有相同的收益和风险。从现实情况来看,对于不同的区域甚至同一地区不同区位的房屋来说,房价波动往往表现出较大的差异性,即房屋的地理位置在很大程度上决定了家庭所面临的住房市场风险(Saiz,2010)。从理论上来说,家庭会对不同区域之间的住房市场风险产生不同的预期并做出反应。但由于住房具有投资品和非流动耐用消费品的双重属性,无论对于拥有自有产权房的家庭还是租房的家庭来说,房屋首先是满足他们的居住功能。房产的居住功能、资产不可分割以及家庭住房调整会产生如交易税费、搬迁等金钱和非金钱成本,这使得家庭在面对住房市场风险时,难以迅速避免且不容易对冲,因而住房市场风险是影响家庭资产配置行为的重要背景风险(Henderson and Ioannides,1983;Pelletier and Tunc,2019)。综上,有必要科学识别不同地区的房价分化可能产生的异质性房价风险以及这一背景风险对家庭资产配置行为的影响,即分析家庭在不同的住房市场风险背景下,如何进行投资决策,以期实现家庭资产的最优组合。

同时,以上研究大都基于将房产作为同质化资产这样一种假设,即假定家庭持有的住房资产具有相同的收益和风险。从现实情况来看,对于不同区域甚至同一地区不同区位的房屋来说,房价波动往往表现出较大的差异性,即房屋的地理位置在很大程度上决定了家庭所面临的住房市场风险(Saiz,2010)。从理论上来说,家庭会对不同区域的住房市场风险产生不同的预期并做出反应。但由于住房具有投资品和非流动耐用消费品的双重属性,无论对于拥有自有产权房的家庭还是租房的家庭来说,房屋首先满足了他们的居住需求。房产的居住功能、资产不可分割以及家庭住房调整会产生交易税费、搬迁的金钱和非金钱成本等特性,使得家庭在面对住房市场风险时难以迅速避免且不容易对冲,因而住房市场风险是影响家庭资产配置行为的重要背景风险(Henderson and Ioannides,1983;Pelletier and Tunc,2019)。因此,有必要科学识别不同地区的房价分化可能产生的异质性房价风险以及这一背景风险对家庭资产配置行为的影响,即分析家庭在不同的住房市场风险背景下,如何进行投资决策,以期实现家庭财富的最优风险和收益组合。

(三) 住房与家庭资产配置的实证发现

虽然近年来相关实证研究文献逐渐丰富,但当前对于房产与家庭资产配置的内在关系并没有给出一致的观点。基于以上对住房与家庭资产配置理论研究的梳理,一般认为,住房投资由于增加了家庭的风险暴露和非流动性,会挤出家庭对风险资产的需求(Grossman and Laroque,1990;Chetty and Szeidl,2007;Flavin and Nakagawa,2008;Villaverde and Krueger,2011)。从研究发现来看,Iwaisako(2009)对日本家庭股票参与决策与持股比例进行了经济计量分析,发现影响股市参与的因素有年龄、收入、财富、教育程度等,但仅有房产状况会影响日本家庭持有股票的比例。Vissing-Jorgensen(2002)通过对收入动态追踪调查(The Panel Study of Income dynamics, PSID)的数据分析发现,经济人参与股市的概率、参与后持股的份额均随着其非金融投资收入的增加而增加,随着非金融投资收入波动性的增加而减少。而Cocco(2005),Yao 和 Zhang(2005)以及 Fougère 和 Poulhes(2012)等都通过实证分析发现两者之间存在着替代关系,比如房产投资会挤出股票投资,在低财富净值的家庭中,这种挤出效应更加明显。当前国内论及住房投资与家庭资产配置的文献逐渐丰富,甘犁等(2013)通过对我国家庭资产状况及住房需求的分析得出房产是我国家庭资产的重要组成部分,且从长远来看,房价下跌是难以避免的。史代敏和宋艳(2005)认为住房所有权等因素都会对家庭资产配置产生影响。吴卫星和钱锦晔(2010)运用家庭调查数据研究发现,家庭净财富中住房投资和股票投资存在反向替代关系等。陈永伟等(2015)采用CHFS(2011)的调查数据考察了住房财富对家庭的金融市场参与决策及资产配置决策的影响作用,发现房产财富的增加会显著提升家庭参与金融市场的概率,也会提升家庭对风险资产的持有比例。但以上实证分析文献并没有证实现实中家庭住房投资和其他资产之间存在的长期系统性关系。对于理论研究和实证分析结论出现偏差的原因,Chetty等(2017)认为,理论研究只关注住房投资对家庭总财富的影响,并没有严格地区分住房投资对家庭资产配置产生的净资产效应和抵押负债效应,而二者的作用效果是相反的;同时,实证分析往往忽视了住房选择与家庭资产配置行为之间的内生性关系。

二、本章研究框架

基于以上文献梳理,本章考虑把住房因素纳入家庭资产配置的研究范畴,通过拓展 G－L 理论分析框架(Grossman and Laroque,1990),从住房可以作为投资品和耐用消费品的双重属性入手展开研究;同时,在家庭效用偏好上,区分不同地区家庭的地理异质性偏好,并考虑家庭财富对于家庭最优资产配置的影响;进一步参考 Chetty 等(2017)以及张传勇和王丰龙(2017)的做法,分离出家庭房产的净资产和抵押负债,考察家庭房产影响资产配置行为的理论机制和具体表现。

具体来说,本章首先梳理住房投资影响家庭资产配置行为的理论框架以及家庭持有住房对家庭投资决策行为影响的理论机制;接着,从地级市维度匹配了 2011 年中国家庭金融调查数据和中国地级城市统计数据,测算出不同城市的房价风险以及在此背景下房价、房产市值、房产增值等对于家庭风险偏好和投资决策行为的影响及相应的机制;同时,为了克服家庭房价和城市房价风险可能影响居民投资偏好等内生性问题,又分别引入了家庭房屋距离市中心的距离和家庭所在城市的住房供给弹性作为家庭房价和城市房价风险的工具变量进行估计。

第三节　研究中使用的计量模型、变量和数据来源

一、模型和方法

(一) 计量模型

本章建立了住房影响家庭投资决策的计量模型,如式(2-1)所示,同时引入家庭劳动收入、金融财富(非住房财富)、年龄结构、性别、职业等家庭和个体特征变量作为控制变量,就房价(或房产市值)对于家庭股票市场参与度(或家庭风险资产持有率)等投资决策行为的影响进行回归分析。

$$Y_{i,t} = c_0 + c_i \ln \text{price}_{i,t} + c_2 X_{i,t} + \varphi_{i,t} \qquad (2-1)$$

其中,$Y_{i,t}$ 为 t 时家庭 i 持有的风险资产占总资产的比例,包括家庭的风险偏好,股票市场参与率和风险资产占比,$\text{price}_{i,t}$ 为 t 时家庭 i 持有的住房价格,$X_{i,t}$ 为一系列地区和家庭、个人特征控制变量,$\varphi_{i,t}$ 为残差,用来刻画家庭投资异质性偏好。

(二) 方法和识别策略

结合被解释变量的数据特征,本章涉及离散因变量模型、有序概率模型和普通最小二乘法等方法对式(2-1)进行估计。具体的识别策略包括:

(1) 基准模型设计。在基准回归模型中观测房价、住房市值以及城市房价风险对家庭风险偏好和资产配置行为的影响;接着引入房价、住房市值与城市房价风险的交互项,观测在不同房价背景风险下,家庭投资决策行为的变化。

(2) 机制检验设计。在借鉴 Yao 和 Zhang(2005)以及 Chetty 等(2017)的研究基础上,尝试对房价影响家庭资产配置的可能机制进行识别,包括对家庭住房的自住和投资功能以及住房资产的净资产效应和抵押负债效应等

进行分离。具体包括：① 区分家庭房产的自住和投资功能。相比持有多套房的家庭，仅有一套住房的家庭更侧重自住功能，因此可以通过区分家庭持有房产的数量来进行识别。② 考察家庭住房增值的财富效应。住房财富增值的多少可能影响到家庭的主观财富感受并影响家庭的投资决策。③ 区分房产的净资产效应和抵押负债效应。由于家庭一般会采取按揭贷款购买住房，因而房价波动对于有购房负债和无购房负债的家庭产生的影响不同。

（3）内生性问题的解决。由于受其他不可观测因素的影响，住房与家庭资产配置行为之间可能存在内生性问题，因此拟采用家庭房屋距离市中心的距离和家庭所在城市的住房供给弹性作为家庭房价和城市房价风险的工具变量进行两阶段最小二乘法回归。

二、数据和变量

本章使用的数据主要有两类来源：一是来自西南财经大学中国家庭金融调查与研究中心提供的 2011 年中国家庭金融调查数据的家庭数据库和个人数据库，包括全国 25 个省区市、80 个县、320 个社区的 8 438 户家庭和 29 324 位居民；二是《中国区域经济统计年鉴》和《中国城市统计年鉴》提供的中国地级市住房价格和城市特征变量。其中，值得一提的是，相比以往研究，本章为了有效识别房价风险的地理异质性，专门申请了 CHFS 的地级市代码，并将其与统计年鉴的地级市变量、70 个大中城市的房价风险指数等进行逐一匹配，最后得到了 21 个省区市和 29 个城市的家庭及个体数据。本章研究中所涉及的变量如下。

（一）被解释变量

1. 家庭的风险偏好

采用调查问卷中受访者的多值主观风险偏好态度（risk_5）作为考察变量，该调查对应的具体问题为："如果有一笔资产，您愿意选择哪种投资项目？1. 不愿意承担任何风险；2. 略低风险、略低回报的项目；3. 平均风险、平均回报的项目；4. 略高风险、略高回报的项目；5. 高风险、高回报的项目。"

2. 家庭投资决策

分别采用居民的股票市场参与率（ifstock）和居民风险资产占比（r_risk）

两类指标来度量居民及家庭的投资决策行为。具体而言,采用居民是否拥有股票账户来度量居民股市参与率;使用股票资产、债券资产、基金资产等风险资产与受访者家庭总资产的比例来衡量居民拥有的风险资产占比。

（二）解释变量

本章的核心解释变量为住房价格(price),采用居民房屋的市场价值与建筑面积之比来衡量。另外,考虑到不同地区房价差异较大,又引入了家庭的住房市值(hv)作为解释变量,采用当前家庭住房市值来衡量。为防止异方差问题,在回归中均采用对数处理。

另一核心变量即城市房价风险(hprisk),主要参考由 Markowitz(1952)提出的"均值—方差"风险模型的思路来度量城市房价风险。具体方法和数据来源参考周京奎等(2016)的研究,先计算该年度每个城市每个月的住房价格偏差,接着计算出该年度每个城市每个月的住房价格偏差的标准差,然后再将住房价格风险指数进行标准化,最后汇总二手住房、新建商品住房和新建住宅等 3 套指数综合得出住房价格风险指数。

此外,参考已有研究文献,本章选取家庭的财富和收入水平(Haliassos and Bertaut,1995),家庭和个体特征,包括家庭规模、居民的年龄(Morin and Suarez,1983)、性别(Wei and Zhang,2011)、受教育程度(Chamon and Prasad,2010)、婚姻状况(Arrondel and Lefebvre,2001)以及是否移民等可能影响居民风险偏好以及家庭投资决策行为的系列变量作为控制变量。同样地,在回归分析中我们对家庭财富和收入水平进行取对数处理。相关变量的定义如表 2-1 所示。

表 2-1 主要变量及其定义

变　量	名　称	定　义	具 体 说 明
家庭风险偏好	risk_5	多值主观风险偏好态度	有序变量:取值 1~5,分值越高,代表主观风险偏好态度越强
家庭投资决策	ifstock	股市参与率	是否参与股市,参与则取值 1,否则取值 0
	r_risk	风险资产占比	风险资产在总资产中的占比

续　表

变　量	名　称	定　义	具体说明
解释变量	price	住房价格	房屋市场价值与建筑面积之比
	hv	住房市值	当时家庭住房市值
	hprisk	城市房价风险	城市房价增长率相比均值的偏离度
控制变量	f_wealth	家庭财富水平	居民家庭的金融财富规模
	ln income	家庭总收入	家庭总收入的对数
	size	家庭规模	家庭人口总数
	ln age	年龄	居民年龄的对数
	migration	是否移民	是则取值1,否则取值0
	gender	性别虚拟变量	当居民为男性时,该变量取值1,女性则取值0
	job	工作状态虚拟变量	当居民在上班时,该变量取值1,失业则取值0
	married	婚姻状况虚拟变量	当居民已婚时,该变量取值1,未婚则取值0
	edu	教育程度	受教育程度1～9,受教育程度越高,该变量取值越高

(三) 变量的基本描述性统计

相关变量的原始数据的基本描述性统计如表 2-2 所示,从调查数据分布来看,无论是房价、住房市值还是住房市值的变化值都存在较大的差异性。

表 2-2　变量的基本描述性统计

变　量		观测值	均值	标准差	最小值	最大值
hv	住房市值(万元)	29 324	31.11	60.81	0	500
price	住房价格(元/平方米)	24 367	3 521	6 331	174	166 667
dhv	住房市值变化	22 166	26.30	52.71	-84.85	500.0

续　表

变　量		观测值	均值	标准差	最小值	最大值
ifstock	股市参与率	29 300	0.080 2	0.272	0	1
f_wealth	金融财富(元)	29 324	39 007	171 584	0	7.230e+06
r_risk	风险资产占比	28 933	0.014 6	0.077 8	0	1
risk_5	家庭风险偏好	28 809	2.186	1.237	1	5
ln income	家庭总收入对数	28 251	10.166	1.291	1.386	14.914
size	家庭规模	29 324	1.342	0.423	0	2.890
gender	性别	29 324	0.508	0.500	0	1
ln age	年龄对数	29 177	3.416	0.828	0	4.710
edu	教育程度	24 495	3.426	1.711	1	9
migration	是否移民	24 470	0.923	0.267	0	1
married	是否结婚	24 479	0.772	0.419	0	1
job	是否工作	24 689	0.635	0.481	0	1
hprisk	城市房价风险	11 846	0.141	0.099	0.023	0.725

　　进一步地,采用散点图直观展现住房价格、家庭住房市值和家庭住房增值以及城市房价风险与家庭持有风险资产比例的关系。研究发现,无论是住房价格还是住房市值变化值,都与家庭风险资产比率存在正相关关系,即住房价格和住房市值变化都提高了家庭持有风险资产的比例(见图2-2)。

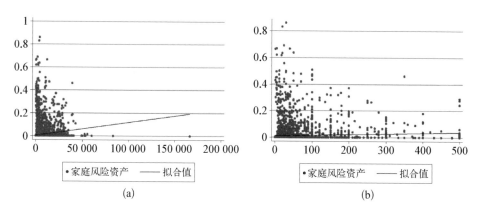

(a) 住房价格;(b) 住房市值。

图2-2　住房价格、住房市值变化率与家庭风险资产比率

第四节　房价、风险偏好影响家庭资产配置的实证分析

一、基准回归分析

(一) 房价、住房财富与居民风险偏好

根据前文的分析,这里将依次考察房价、家庭住房市值对家庭主观风险偏好的影响。其中,以调查问卷中的居民多值主观风险偏好态度(risk_5 依次为 1,2,3,4,5)为被解释变量时,计量模型采取有序概率模型;同时,控制家庭和居民所在城市的固定效应,且为了控制组内相关性,对城市内部同一区(县)内的居民个体进行聚类处理,结果如表 2 - 3 所示。

表 2 - 3　房价、住房财富与居民风险偏好

变　量	(1) risk_5	(2) risk_5	(3) risk_5	(4) risk_5	(5) risk_5	(6) risk_5
ln price	0.047***	0.045**	0.027			
	(0.015)	(0.021)	(0.028)			
ln hv				0.041***	0.046**	0.026
				(0.015)	(0.022)	(0.028)
hprisk		−24.513***	−25.518***		−24.531***	−24.889***
		(1.179)	(1.613)		(1.189)	(1.311)
hprisk * ln price			0.140			
			(0.140)			
hprisk * ln hv						0.145
						(0.141)
ln f_wealth	0.055***	0.063***	0.063***	0.055***	0.063***	0.063***
	(0.009)	(0.014)	(0.014)	(0.009)	(0.015)	(0.015)
ln income	0.057***	0.039**	0.039**	0.053***	0.033*	0.034*
	(0.012)	(0.019)	(0.019)	(0.012)	(0.020)	(0.020)

续　表

变　量	(1) risk_5	(2) risk_5	(3) risk_5	(4) risk_5	(5) risk_5	(6) risk_5
size	0.046	0.038	0.036	0.039	0.044	0.041
	(0.045)	(0.055)	(0.055)	(0.046)	(0.055)	(0.056)
ln age	−0.304***	−0.315***	−0.315***	−0.301***	−0.308***	−0.308***
	(0.034)	(0.057)	(0.057)	(0.034)	(0.057)	(0.057)
gender	−0.012	−0.032**	−0.032**	−0.013	−0.033***	−0.033***
	(0.009)	(0.013)	(0.013)	(0.009)	(0.013)	(0.013)
edu	0.029***	0.040***	0.040***	0.030***	0.041***	0.042***
	(0.008)	(0.011)	(0.012)	(0.008)	(0.011)	(0.011)
married	0.145***	0.152***	0.152***	0.146***	0.153***	0.153***
	(0.028)	(0.047)	(0.047)	(0.028)	(0.046)	(0.046)
job	0.092***	0.155***	0.155***	0.090***	0.153***	0.152***
	(0.023)	(0.027)	(0.028)	(0.023)	(0.028)	(0.028)
migration	−0.230***	−0.357***	−0.356***	−0.220***	−0.348***	−0.348***
	(0.054)	(0.064)	(0.065)	(0.052)	(0.064)	(0.064)
常数项	2.192***	2.260***	2.088***	1.903***	2.021***	1.963***
	(0.271)	(0.414)	(0.432)	(0.234)	(0.361)	(0.361)
城市固定效应	控制	控制	控制	控制	控制	控制
观测值	18 736	7 416	7 416	18 901	7 469	7 469
伪 R^2	0.039 2	0.039 2	0.039 2	0.039 2	0.039 2	0.039 2

注：① 括号内数值为聚类稳健性标准误。
② ***、**和*分别表示在1%、5%和10%水平上显著。
③ 限于篇幅,这里并没有列出城市固定效应的估计结果。

　　从表2-3可以看出,房价和家庭住房市值的增值都明显提升了家庭主观风险偏好,城市的房价风险却与家庭风险偏好负相关,即城市的房价风险越高,家庭风险偏好越弱,家庭的金融财富总量和家庭收入对于家庭主观风险偏好也有促进作用,而城市房价风险与房价及房产市值的交互效应为不显著的正效应。从居民个人特征来看,居民年龄与其主观风险偏好呈负相关关系,已婚的居民、有工作的居民要比未婚和失业居民的风险偏好高一些;性别对居民主观风险偏好的影响并不显著。值得一提的是,外地户籍居民的主观风险偏好要显著高于本地户籍居民,这反映出外地户籍的居民更加具有冒险精神。

（二）房价、住房财富与家庭投资决策

对于家庭投资决策的选取主要采用两个指标:一是家庭股市参与率(ifstock,如果参与为1,没有参与为0);二是家庭持有股票、基金等风险资产占家庭总资产的比重,主要解释变量仍然选取了房价的对数、住房市值的对数以及城市房价风险,控制变量的选取与表2-3相同,计量方法主要采用离散因变量模型进行估计,并控制了城市固定效应,同时为了控制组内相关性对居民个体进行聚类处理,结果如表2-4和表2-5所示。

表2-4　房价、住房市值与家庭股市参与

变　量	(7) ifstock	(8) ifstock	(9) ifstock	(10) ifstock	(11) ifstock	(12) ifstock
ln price	0.239***	0.182***	0.201**			
	(0.053)	(0.062)	(0.102)			
ln hv				0.168***	0.101*	0.087
				(0.047)	(0.054)	(0.068)
hprisk		−18.567***	−17.580***		−17.686***	−16.351***
		(1.192)	(3.950)		(1.258)	(1.631)
hprisk * ln price			−0.134			
			(0.492)			
hprisk * ln hv						0.098
						(0.277)
ln f_wealth	0.333***	0.309***	0.309***	0.332***	0.309***	0.309***
	(0.023)	(0.028)	(0.028)	(0.024)	(0.028)	(0.028)
ln income	0.084***	0.072**	0.072**	0.084***	0.076**	0.075**
	(0.024)	(0.032)	(0.032)	(0.024)	(0.032)	(0.032)
size	−0.011	0.006	0.008	−0.050	−0.001	−0.002
	(0.096)	(0.122)	(0.121)	(0.095)	(0.122)	(0.121)
ln age	0.132*	0.140	0.140	0.154*	0.172	0.172
	(0.079)	(0.121)	(0.121)	(0.080)	(0.120)	(0.120)
gender	−0.063***	−0.056**	−0.056**	−0.064***	−0.058***	−0.058***
	(0.018)	(0.022)	(0.022)	(0.018)	(0.021)	(0.021)

续　表

变　量	(7) ifstock	(8) ifstock	(9) ifstock	(10) ifstock	(11) ifstock	(12) ifstock
edu	0.118***	0.120***	0.119***	0.126***	0.128***	0.128***
	(0.017)	(0.022)	(0.022)	(0.017)	(0.022)	(0.022)
married	−0.042	−0.027	−0.027	−0.037	−0.026	−0.026
	(0.058)	(0.082)	(0.082)	(0.058)	(0.083)	(0.083)
job	0.059	0.016	0.017	0.039	−0.006	−0.007
	(0.042)	(0.055)	(0.056)	(0.041)	(0.054)	(0.054)
migration	0.013	0.027	0.024	0.070	0.106	0.107
	(0.087)	(0.121)	(0.122)	(0.094)	(0.128)	(0.128)
常数项	−8.542***	−6.627***	−6.798***	−7.150***	−5.639***	−5.666***
	(0.628)	(0.742)	(1.071)	(0.514)	(0.674)	(0.696)
城市固定效应	控制	控制	控制	控制	控制	控制
观测值	14 372	6 387	6 387	14 495	6 426	6 426
伪 R^2	0.352	0.352	0.352	0.352	0.352	0.352

注：① 括号内数值为聚类稳健性标准误。
② ***、** 和 * 分别表示在 1%、5% 和 10% 水平上显著。
③ 限于篇幅,这里并没有列出城市固定效应的估计结果。

表 2-4 的结果显示,无论是房价还是家庭住房市值都与家庭股市参与率呈显著的正相关关系,即房价上涨和家庭住房市值增加都显著提升了家庭股市参与率。房价风险程度越高,居民股市参与率越低,这说明越是高房价风险的城市,居民的资产配置往往主要集中在房产上。而城市房价风险和房价、家庭住房市值的交互项系数相反,这说明在既定的城市房价风险背景下,高房产市值的家庭股市参与率更高,其资产配置更加灵活。

表 2-5　房价、住房市值与家庭风险资产比例

变　量	(13) r_risk	(14) r_risk	(15) r_risk	(16) r_risk	(17) r_risk	(18) r_risk
ln price	−0.001**	−0.003***	−0.004***			
	(0.001)	(0.001)	(0.001)			

续　表

变　量	(13) r_risk	(14) r_risk	(15) r_risk	(16) r_risk	(17) r_risk	(18) r_risk
ln hv				-0.002^{***}	-0.005^{***}	-0.005^{***}
				(0.001)	(0.002)	(0.002)
hprisk		-0.184^{***}	-0.195^{***}		-0.196^{***}	-0.198^{***}
		(0.024)	(0.033)		(0.026)	(0.031)
hprisk * ln price			0.002			
			(0.003)			
hprisk * hphv						0.001
						(0.005)
ln f_wealth	0.008^{***}	0.010^{***}	0.010^{***}	0.008^{***}	0.010^{***}	0.010^{***}
	(0.001)	(0.002)	(0.002)	(0.001)	(0.002)	(0.002)
ln income	0.001^{**}	0.002	0.002	0.001^{**}	0.002^{*}	0.002^{*}
	(0.001)	(0.001)	(0.001)	(0.001)	(0.001)	(0.001)
size	-0.004^{***}	-0.004^{*}	-0.004^{*}	-0.003^{**}	-0.003	-0.003
	(0.001)	(0.002)	(0.002)	(0.001)	(0.002)	(0.002)
ln age	0.005^{***}	0.007^{**}	0.007^{**}	0.005^{***}	0.007^{**}	0.007^{**}
	(0.001)	(0.003)	(0.003)	(0.001)	(0.003)	(0.003)
gender	-0.001^{**}	-0.001	-0.001	-0.001^{**}	-0.001	-0.001
	(0.000)	(0.001)	(0.001)	(0.000)	(0.001)	(0.001)
edu	0.003^{***}	0.003^{***}	0.003^{***}	0.003^{***}	0.003^{***}	0.003^{***}
	(0.000)	(0.001)	(0.001)	(0.000)	(0.001)	(0.001)
married	-0.001	0.002	0.002	-0.001	0.002	0.002
	(0.001)	(0.002)	(0.002)	(0.001)	(0.002)	(0.002)
job	-0.001	-0.003	-0.003	-0.001	-0.003	-0.003
	(0.001)	(0.002)	(0.002)	(0.001)	(0.002)	(0.002)
migration	0.005^{*}	0.009^{***}	0.009^{***}	0.005^{**}	0.010^{***}	0.010^{***}
	(0.002)	(0.003)	(0.003)	(0.002)	(0.003)	(0.003)
常数项	-0.085^{***}	-0.096^{***}	-0.094^{***}	-0.091^{***}	-0.113^{***}	-0.112^{***}
	(0.014)	(0.021)	(0.021)	(0.015)	(0.024)	(0.023)

续　表

变　量	(13) r_risk	(14) r_risk	(15) r_risk	(16) r_risk	(17) r_risk	(18) r_risk
城市固定效应	控制	控制	控制	控制	控制	控制
观测值	18 891	7 469	7 469	19 062	7 523	7 523
R^2	0.153	0.176	0.176	0.155	0.180	0.180

注：① 括号内数值为聚类稳健性标准误。
　　② *** 、** 和 * 分别表示在 1%、5% 和 10% 水平上显著。
　　③ 限于篇幅，这里并没有列出城市固定效应的估计结果。

表 2-5 显示，房价和家庭住房市值与家庭风险资产占比呈负相关关系，这一结论比较符合直觉，即随着住房市值的增加，风险资产在家庭总资产中的比重将会降低。进一步研究发现，控制变量对于家庭股市参与率和风险资产占比的影响基本是一致的，即家庭财富总量和家庭收入、居民的年龄以及教育程度都提升了其参与股市的概率和风险资产的比重，且男性的性别差异低于女性的性别差异。家庭规模、婚姻状况、工作情况、是否移民虽然对于居民参与股市概率的影响均不显著，但显著影响了家庭持有风险资产的比重。

二、可能的机制探讨

正如 Chetty 等（2017）的研究中所指出的，由于以往研究没能有效区分家庭住房的抵押负债效应和净资产效应，往往导致住房与家庭资产配置行为的理论研究结果和实证研究结果存在较大偏差。基于此，本章主要从两个方面尝试区分房价影响家庭投资决策的具体机制：一是考察家庭财富的增值情况，以及家庭的购房目的是出于自住还是投资；二是进一步考虑家庭是否持有购房抵押负债，考察抵押负债效应是否存在。

1. 房产增值渠道检验

根据家庭房产市值变化情况进行分组回归，结果发现，对于房产增值的家庭和房产贬值的家庭而言，他们的家庭投资决策受房价变化和城市房价风险的影响均存在明显差异。对于房产增值的家庭而言，房价上涨和城市房价风险上升均会显著降低他们持有风险资产的比例;对于房产贬值的家庭而言,他们可能受到房产贬值引起的财富缩水或者融资约束等限制,房价和城市房价风险对家庭资产配置行为的影响均不显著。此外,虽然两类家庭持有的金融资产和收入对其风险资产比例的影响一致,但除了性别和教育程度以外的其他个体特征,对于家庭投资决策的影响均呈现出反向关系。

2. 购房负债渠道检验

根据家庭是否有购房负债进行分组回归,发现无论家庭有无购房负债,一旦家庭参与股市投资后,房价上涨引起的房产升值则挤占了风险资产在家庭资产中的占比,房价和城市住房风险的增加都会显著降低家庭风险资产的比例。购房负债对于家庭投资决策的影响很可能表现在对于家庭股市参与率的影响而非风险资产占比上,因此,有必要进一步探讨有无购房负债家庭在股市参与率上的差异。

无论家庭有无购房负债,在不考虑城市房价风险时,房价上涨都显著提升了家庭的股市参与率;但考虑居民家庭所在的城市房价风险后,这一影响存在明显差异:城市房价风险的增加显著提升了无购房负债家庭的股市参与率,却明显降低了有购房负债家庭的股市参与率,而其他家庭和个体特征控制变量对两类家庭的影响基本一致。因此,这就验证了上文的推断,即有无购房负债主要影响了家庭的股市参与率而非家庭的风险资产占比。

3. 购房目的渠道检验

与大量家庭住房财富相关研究所面临的难题类似,如何有效区分出家庭住房的自住和投资需求,是识别住房财富影响的关键。对于将房屋用于自住的家庭来说,很难获取实际的房屋增值,实质上是一种"财富幻觉"。而考察家庭是否持有多套房,是识别家庭购买住房是用于投资还是自住的较好代理变量。为此,这里对持有一套房和多套房的家庭进行区分,对于一套房家庭和多套房家庭来说,房价和城市住房风险对于家庭投资决策的影响表现出明显的异质性。房价上涨,降低了两类家庭的风险资产在家庭总财富中的比例,但在仅有一套房的家庭中并不显著;同时,城市房价风险对于两类家庭投资决策的影响结果是相反的,即提升了多套房家庭的风险资产比例,却降低了一套房家庭的风险资产比例。此外,相比多套房家庭,一套房家庭的客观风险偏好受到的约束较多,除了家庭总财富、居民年龄和教育程度等共同影响因素外,还受居民性别、是否移民等因素的影响。

三、稳健性检验

从上文的分析来看,相比房价本身,家庭投资决策受所在城市房价风险的影响更加明显。同时,伴随着地区间房价加速分化的趋势,不同地区(城市)的家庭为了追求更高的投资回报,可能存在异地投资以及短期内改变投资偏好等现象,这可能会使得模型(1)的估计结果存在一定偏差。因此,有必要根据不同城市的房价风险进行分组回归,进一步刻画上述因素对家庭异质性投资偏好以及估计结果可能造成的影响(见表 2-6)。

表 2-6　不同城市房价风险与家庭投资决策

变 量	高房价风险城市(高于均值)			低房价风险城市(低于均值)		
	(43) r_risk	(44) r_risk	(45) r_risk	(46) r_risk	(47) r_risk	(48) r_risk
ln price	−0.001	−0.004***	−0.005*	−0.003*	−0.003*	−0.002
	(0.000)	(0.001)	(0.002)	(0.002)	(0.002)	(0.002)
hprisk		0.128	0.120		−0.001	0.052
		(0.087)	(0.137)		(0.073)	(0.264)
hprisk * ln price			0.001			−0.007
			(0.006)			(0.029)
ln f_wealth	0.008***	0.012***	0.012***	0.009***	0.009***	0.009***
	(0.001)	(0.003)	(0.003)	(0.002)	(0.002)	(0.002)
ln income	0.001	0.002	0.002	0.002**	0.002**	0.002*
	(0.001)	(0.003)	(0.003)	(0.001)	(0.001)	(0.001)
size	−0.004**	−0.004	−0.004	−0.004	−0.004	−0.004
	(0.002)	(0.002)	(0.003)	(0.003)	(0.003)	(0.003)
ln age	0.006***	0.011	0.011	0.004*	0.004*	0.004*
	(0.002)	(0.006)	(0.006)	(0.002)	(0.002)	(0.002)
gender	−0.001**	−0.000	−0.000	−0.001	−0.001	−0.001
	(0.000)	(0.001)	(0.001)	(0.001)	(0.001)	(0.001)

变　量	高房价风险城市（高于均值）			低房价风险城市（低于均值）		
	(43) r_risk	(44) r_risk	(45) r_risk	(46) r_risk	(47) r_risk	(48) r_risk
edu	0.002 ***	0.002 *	0.002 *	0.003 ***	0.003 ***	0.003 ***
	(0.001)	(0.001)	(0.001)	(0.001)	(0.001)	(0.001)
married	−0.002	−0.001	−0.001	0.003 **	0.003 **	0.003 **
	(0.002)	(0.004)	(0.004)	(0.001)	(0.001)	(0.001)
job	−0.001	−0.005	−0.005	−0.001	−0.001	−0.001
	(0.001)	(0.004)	(0.004)	(0.002)	(0.002)	(0.002)
migration	0.005	0.016 ***	0.016 ***	0.005	0.005	0.005
	(0.003)	(0.003)	(0.003)	(0.004)	(0.004)	(0.004)
常数项	−0.095 ***	−0.172 **	−0.170 **	−0.083 ***	−0.083 ***	−0.088 **
	(0.018)	(0.060)	(0.071)	(0.021)	(0.024)	(0.037)
城市固定效应	控制	控制	控制	控制	控制	控制
观测值	14 186	2 764	2 764	4 705	4 705	4 705
伪 R^2	0.147	0.194	0.194	0.169	0.169	0.169

注：① 括号内数值为聚类稳健性标准误。
　　② ***、** 和 * 分别表示在 1%、5% 和 10% 水平上显著。
　　③ 限于篇幅，这里并没有列出城市固定效应的估计结果。

通过对城市房价风险进行分组回归后发现，虽然房价上涨都显著降低了家庭持有风险资产的比例，但考虑城市的房价风险后，房价上涨对家庭投资决策的影响是相反的。具体来说，在高房价风险的城市，城市房价风险与房价上涨的交互作用会提高家庭持有风险资产的比例；而在低房价风险的城市，城市房价风险与房价上涨的交互作用会降低家庭持有风险资产的比例。这表明高房价风险的城市居民可以通过资产配置来对冲房价风险，而低房价风险城市居民却不具备这一对冲条件。

四、内生性问题

对于追求投资回报的家庭来说，投资住房所面临的风险不仅受房价增长率波动的影响，而且还与股票等风险资产的收益有关。由于股票是全国性交易，一些影响当地房价的区域特定因素通常不会对股票价格产生影响；但对于居民家庭来说,股票回报的冲击却可以影响到本地的住房市场需求,而当地住房需求的变化又会及时反映在当地房价变化上,且根据当地住房供给弹性的不同而存在差异。因此,无论是城市层面还是家庭层面,股票回报和房价增长率都存在一定的关联性,即可能存在内生性问题使得估计结果出现偏差。

参考以往文献的做法(Glaeser et al.,2008;张光利、刘小元,2018),本章主要选取两类工具变量进行 IV 估计,以克服可能存在的内生性问题。第一,选取 CHFS 调查数据中家庭住房到市中心的距离[1]作为家庭房价的工具变量[见图 2-3(a)]。一般而言,根据经典的城市经济学模型,随着住房到城市中心距离的增加,房价呈现出梯度递减趋势,但住房距离城市中心的远近对居民风险偏好并没有系统性影响(Rosenthal and Helsley,1994)。第二,采用城市的住房供给弹性作为城市房价风险的工具变量[见图 2-3(b)]。从理论上来说,Saiz(2010)认为区域房价波动在很大程度上可以通过地区的住房供给弹性来解释。由于住房供给弹性主要取决于当地的土地稀缺程度和地方管制政策,一般不随时间而变化,而且在不同地区存在较大差异,因此它是被广泛地用于识别地区房价风险的工具变量(Glaeser et al.,2008;Mian and Sufi,2011;Chetty et al.,2017)。进一步地,采用两阶段最小二乘法回归显示,IV 估计第一阶段均通过[2],第二阶段回归结果如表 2-7 所示。

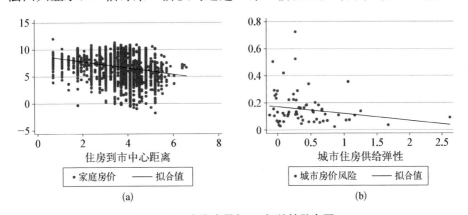

图 2-3 考察变量与 IV 相关性散点图

① CHFS 数据对于家庭住房到市中心的距离的调查项为"从这套房子到市/县中心大约需要多少分钟?"。
② 受篇幅所限,这里没列出第一阶段回归结果,也可根据图 2-3 的散点图直观得出。其中住房供给弹性的数据参考了刘洪玉和杨帆(2012)对于 2010 年中国 70 个大中城市住房供给弹性的估算。

表 2-7 工具变量估计

变 量	(49) risk_5	(50) risk_5	(51) risk_5	(52) risk_5	(53) risk_5	(54) risk_5
ln price	0.273***	0.738**	0.048**	0.138*	−0.002	−0.014
	(0.085)	(0.302)	(0.020)	(0.072)	(0.004)	(0.012)
hprisk	−1.102***	−20.717*	−0.517***	−3.724	−0.104***	−0.477
	(0.375)	(12.572)	(0.162)	(2.749)	(0.027)	(0.481)
hp_risk		−3.055*		−0.594		−0.081
		(1.746)		(0.380)		(0.067)
ln f_wealth	0.044**	0.052***	0.038***	0.040***	0.009***	0.009***
	(0.018)	(0.017)	(0.007)	(0.007)	(0.002)	(0.002)
ln income	0.013	−0.002	0.005	0.002	0.001	0.001
	(0.024)	(0.030)	(0.005)	(0.006)	(0.001)	(0.002)
size	0.035	0.070	0.006	0.013	−0.003	−0.002
	(0.067)	(0.072)	(0.018)	(0.018)	(0.002)	(0.002)
ln age	−0.344***	−0.357***	0.047***	0.044**	0.007**	0.007**
	(0.060)	(0.065)	(0.016)	(0.018)	(0.003)	(0.003)
gender	−0.025*	−0.018	−0.013**	−0.011**	−0.001*	−0.001
	(0.013)	(0.017)	(0.005)	(0.005)	(0.001)	(0.001)
edu	0.004	−0.015	0.020***	0.017**	0.002**	0.002
	(0.015)	(0.024)	(0.006)	(0.007)	(0.001)	(0.001)
married	0.105***	0.090**	−0.004	−0.008	0.001	0.001
	(0.040)	(0.043)	(0.012)	(0.013)	(0.002)	(0.002)
job	0.251***	0.284***	0.027***	0.033**	−0.001	0.000
	(0.039)	(0.061)	(0.010)	(0.014)	(0.002)	(0.003)
migration	−0.566***	−0.640***	0.031	0.016	0.004	0.002
	(0.126)	(0.176)	(0.027)	(0.039)	(0.004)	(0.006)
常数项	0.589	−3.237	−0.896***	−1.641***	−0.134***	−0.236**
	(0.657)	(2.356)	(0.192)	(0.589)	(0.033)	(0.099)
城市固定效应	控制	控制	控制	控制	控制	控制
观测值	6 613	6 613	6 642	6 642	6 644	6 644
R^2	0.048	−0.066	0.237	0.186	0.158	0.127

注：① 括号内数值为聚类稳健性标准误。
② ***、**和*分别表示在1%、5%和10%水平上显著。
③ 限于篇幅，这里并没有列出城市固定效应的估计结果。

表 2-7 的工具变量估计结果显示,在解决家庭房价和城市住房风险可能存在的内生性问题后,房价和城市房价风险对于家庭投资决策的影响依然稳健,即房价上涨增强了家庭风险偏好、居民的股市参与率,并降低了家庭持有风险资产的比例;城市房价风险自身及其与房价的交互作用均降低了家庭风险偏好、居民股市参与率以及家庭持有风险资产的比例。

第五节　本章小结

一、研究结论

本章针对全球范围内居民家庭在资产配置方面表现出"住房持有率较高与股票市场参与不足"的现状,以及既有相关研究往往忽视了房价影响居民投资决策的地理异质性等不足,通过对住房影响家庭投资决策行为相关理论进行系统梳理后,进一步采用 2011 年 CHFS 调查数据就我国居民家庭的房价、住房市值对居民风险偏好和家庭投资决策的影响及其机制进行了实证分析,主要研究结论如下。

房价上涨明显提升了家庭的主观风险偏好和股市参与率,且家庭风险资产的比例随着住房市值的增加而降低;城市的房价风险与家庭风险偏好和股市参与率负相关,且在既定的城市房价风险下,高房产市值的家庭股市参与率更高,其资产配置更加灵活。此外,家庭的金融财富总量和家庭收入也会提高家庭的主观风险偏好和股市参与率;从居民个人特征来看,居民的年龄以及教育程度都提升了其参与股市的概率和家庭风险资产的比重。

进一步的研究发现,家庭的房产市值变化、是否有购房负债、是一套房还是多套房、房价和城市住房风险对于家庭投资决策的影响均表现出明显的异质性。而在高房价风险和低房价风险城市中,房价上涨对家庭投资决策的影响效果是反向的,高房价风险的城市居民可以通过资产配置来对冲房价风险,而低房价风险城市居民却不具备这一对冲条件。最后,工具变量的估计结果显示,在解决家庭房价和城市住房风险可能存在的内生性问题后,房价和城市房价风险对于家庭投资决策的影响依然稳健。

二、政策启示

　　本研究的政策意义在于,通过揭示出不同城市房价背景风险下住房对家庭资产配置的影响机制,有助于引导不同城市居民家庭合理配置资产,帮助投资者更好地进行投资规划,促进中国家庭资产配置的多样化,实现家庭资产增值并提高家庭经济福利。此外,相比以往以抑制投资需求为主的政策导向,今后的住房政策应更多地考虑如何应对住房的区域化风险及局部区域房地产市场过热的问题;同时,应积极促进房屋租赁市场的健康发展,引导传统家庭住房观念的改变,从而全面提升居民的住房福利。

第三章

房价、住房财富与家庭消费结构

第一节 引 言

一、本章研究问题

中国经济面临居民消费不足的问题。据国家统计局公布的数据显示，从 1998 年至 2014 年中国居民消费率从 45.7% 下跌至 38.2%。在居民消费需求持续低迷的情况下，如何拓展消费新空间成为当前经济工作中谋篇布局的重点。2016 年政府工作报告中作为消费新空间的服务消费和新兴消费被重点提及。近年来，包括互联网消费、文体娱乐、旅游休闲和医疗保健等在内的新兴消费发展迅速。以旅游消费为例，近年来家庭旅游休闲消费支出占家庭消费支出的比例正在逐年增加，旅游消费支出、出游人次、出游率等均显示出强劲的增长态势。其中，旅游人次从 1998 年的 6.95 亿上升到 2014 年的 36.11 亿。2015 年 8 月 11 日，国务院办公厅发布《关于进一步促进旅游投资和消费的若干意见》中指出"旅游不仅是经济增长的新动力，更是扩大内需的新热点"。旅游消费成为广受关注的一大消费热点，一些地区甚至把它作为"新的经济增长点"来培育和发展。英敏特(Mintel)发布的《2015 中国消费者消费习惯》报告显示，旅游度假消费(10.6%)首次成为继住房与个人理财(20.9%)、食品消费(16.6%)后的第三大消费支出，过去五年其复合年均增长率为 24%，远大于个人理财与住房的年增长率(8%)和家庭食品消费的年增长率(9.6%)。

然而，与家庭必需品和耐用品消费不同，旅游消费一般是人们在满足基本生活消费的基础上产生的一种更高层次的消费需求。它不仅受旅游地政治经济形势、自然条件和服务水平等客观因素的影响,还受旅游者财富满意度、资产安全感和个人偏好等主观因素的影响,具有较大的消费需求弹性。住房作为居民的主要家庭资产,住房价格和住房财富的变化对居民旅游消费行为理应具有重要影响。自20世纪90年代末期实施城镇住房制度改革以来,我国居民家庭持有住房产权的比例显著提高,持有住房产权的家庭从2000年的45.2%提高到2010年的53.4%[①]。2012年CFPS的调查数据显示,中国居民家庭中87.9%的家庭拥有房产,其中14.1%的家庭拥有多套房产。但是,随着过去十多年房价的快速上涨,以房产为主的家庭财富积累分化严重,造成有房家庭和无房家庭的消费结构存在巨大差异。携程旅游发布的《2014年中国旅游者意愿调查报告》中曾针对"哪些消费可能会限制2014年的旅游消费?"展开调查,发现消费者选择最多的是住房消费(购房或租房费用),占比达56%;其次是交通费(39%)、社交和娱乐费用(28%)以及日用必需品消费(23%)等。因此,有必要探讨在房价快速上涨和住房财富日益分化的背景下,提升以家庭旅游消费为代表的新兴消费是否可行。

二、本章内容安排

本章以旅游消费作为家庭新兴消费的代表,研究家庭住房财富对其旅游消费的影响及其微观机制,同时分析家庭旅游消费支出对其他类别消费可能产生的影响,进而探讨高房价背景下提升家庭新兴消费是否可行。本研究的主要学术贡献在于以下两个方面。

第一,拓展了家庭住房财富效应的研究范畴,并采用Chetty等(2017)的方法分离出家庭的抵押负债效应和净资产效应。虽有学者探讨过家庭住房产权和住房财富对于家庭耐用品和必需品消费的影响,但对于家庭旅游消费这类具有较高消费需求弹性的消费支出行为的研究还较为缺乏。研究发现,家庭住房财富增加显著提升了家庭的旅游消费支出。在时间趋势上,家庭获得住房产权的时间与其旅游消费呈现"U"形关系;在微观机制上,房

[①] 根据2000年和2010年的人口普查数据计算而得,且家庭住房产权比例没有考虑自建房屋的情况。

产对家庭旅游消费的影响主要表现为财富效应而不是抵押负债效应。

第二，就旅游消费对家庭其他类型消费品可能产生的一致性和替代性效应分别进行了检验，探讨了提升家庭新兴消费的可行性。本研究发现家庭旅游消费没有影响到家庭必需品和耐用品的消费支出，但挤出了培训教育等其他新兴消费，并降低了家庭新兴消费在总消费中的比例。这说明高房价引起的房产升值虽然会增加家庭新兴消费支出，但家庭新兴消费支出比例并没有随着旅游消费的增加而提高，而且不同类型的新兴消费之间存在挤出效应。此外，本研究的政策意义在于，虽然旅游消费等家庭新兴消费因为具有创新性和高消费需求弹性等特点而存在较大市场潜能，但不同的新兴消费支出之间的替代性也表明，提升消费还需要合理引导，由此方能有效发挥新兴消费在带动经济增长方面的重要作用。

本章接下来的内容结构安排如下：第二节是文献综述；第三节是研究使用的计量模型、变量说明与数据来源；第四节是实证分析；第五节是本章的结论与启示。

第二节　房价、住房财富与家庭消费相关文献梳理

一、家庭持有房产对消费支出的影响文献

现有文献关于家庭持有房产对消费支出的影响大致形成了如下三种观点。

第一种观点认为资产价值的变化通过财富效应影响消费（Case et al.，2005；Benjamin et al.，2004；宋勃，2007；王子龙等，2008；黄静、屠梅曾，2009）。其中，最具有代表性的文献是 Case 等（2005）的研究，他们采用1980—1990 年美国各州面板数据以及 14 个国家 25 年的跨国面板数据，发现房产财富效应显著存在，且房产的边际消费倾向要高于股票等金融资产的边际消费倾向。Benjamin 等（2004）采用美国 1952 年第一季度到 2001 年第四季度的数据也得出了同样的结论。国内方面，宋勃（2007）采用 1998—2006 年中国房地产价格和居民消费的季度数据进行格兰杰（Granger）分析后

得出，长期来看中国房地产市场存在财富效应，且房价上涨对居民消费起着正向作用。王子龙等（2008）也证实房地产财富效应在中国显著存在，且随着经济增长和居民收入的增加而不断增强。在微观数据方面，黄静和屠梅曾（2009）利用"中国健康与营养调查"（China Health Nutrition Survey，CHNS）数据对 2000—2006 年中国居民房地产财富与消费之间的关系进行分析后发现，虽然房地产财富增加对居民消费有显著的促进作用，但由于家庭之间存在较大的异质性，房价上涨并没有增强房地产财富效应，反而有所减弱。但也有一些研究认为房地产财富效应有限，甚至可能会在一定程度上抑制消费（Engelhardt，1996；Phang，2004；洪涛，2006；高波、王辉龙，2011）。Engelhardt（1996）较早采用收入动态追踪调查（PSID）数据进行分析发现，房地产财富效应具有不对称性，即这一效应在房价上涨时不显著而在房价下降时非常显著。Phang（2004）采用新加坡 1979—1999 年的年度数据分析后得出，房价上涨引起的住房财富增加并没有显著地促进家庭消费，甚至预期房价上涨反而会轻微地抑制家庭消费。洪涛（2006）通过对 2000—2004 年中国省区市面板数据进行分析后发现，房价上涨与个人消费呈负相关关系，且住宅的反向财富效应超过了商业地产和办公楼的正向财富效应。高波和王辉龙（2011）以长三角 16 个城市的面板数据为样本进行分析，也得出了类似结论。

此外，家庭住房财富效应还存在明显的家庭异质性，在不同家庭之间往往存在差异。如黄静和屠梅曾（2009）利用 CHNS 数据得出房地产财富效应在不同群体当中的异质性，比如在经济越发达地区、收入越高以及户主越年轻的家庭中，这一效应表现得越强。Gan（2010）发现当家庭持有多套住房时，住房财富的增加会对家庭消费尤其是年轻家庭的消费情况产生显著的正向影响。谢洁玉等（2012）通过城镇住户调查（Urban Household Survey，UHS）数据分析发现，相比已婚家庭，房价上涨对于未婚家庭的男性消费抑制作用更明显。

第二种观点强调资产价值的抵押效应对于消费的影响。一方面，房屋作为抵押物的价值上升，有助于提高家庭的外部融资能力（Goodhart et al.，2008；Muellbauer，2008；Wang，2012；Aron et al.，2012）。Goodhart 等（2008）通过对 1970—2006 年 17 个工业国家的数据进行研究后证实，房价的上涨对私人信用的提升具有显著影响，且这种影响在 1985 年以后更加强烈。Muellbauer（2008）的研究结果也发现，随着金融市场自由化程度的提高，房产作为抵押物获得贷款相对容易，从而提高了购房者的信贷能力，有助于提升家庭的消费能力。Wang（2012）利用 CHNS 数据研究表明，住房增值的家庭可以通过将房产资本化为生产性资产等途径来缓解信贷约束。Aron 等（2012）的研究发现，在美国和英国，金融创新的发展伴随着长期的低利率政策，持有房产的家庭可以通过房产抵押而获得资金，从而增加日常消费，但这一现象在日本并不明显。

另一方面，房价上涨又可能增加家庭以住房抵押贷款为主的负债，出现"房奴效应"。因为家庭在住房投资中已经承担了很大的风险头寸，加上贷款占用了较大规模的流动性，会影响到家庭对其他资产的投资和需求，从而抑制家庭的消费支出（Campbell and Cocco，2007；陈彦斌、邱哲圣，2011；陈健等，2012）。Gan（2010）利用 1988—2004 年香港地区住房抵押贷款和信用卡消费等数据，考察房产财富波动对家庭消费的影响和作用机制，认为信贷约束和预防性储蓄分别对能够再融资和无法再融资的家庭消费产生了敏感影响。孔行等（2010）的研究表明，房价波动造成按揭贷款从成本和预算约束两个方面对使用者产生了不同的影响，且二者的作用方向相反。陈彦斌和邱哲圣（2011）发现房价的高速增长使部分年轻家庭和相对贫困家庭为了追赶房价不得不提高储蓄，从而降低了他们的实际财富水平。陈健等（2012）从信贷约束角度探讨了房价波动对消费的影响机制，并基于我国 31 个省（区、市）面板数据分析后发现，总体上我国的房价上涨会抑制消费。李涛和陈斌开（2014）认为家庭住房资产主要呈现出消费品属性，只存在微弱的"资产效应"，且不存在"财富效应"。因此，住房价格上涨无助于提高我国居民的消费水平。

第三种观点则从共同效应（common effect）的角度来解释资产价值与消费之间的关系（Campbell and Cocco，2007；颜色、朱国钟，2013；张传勇，2014）。Campbell 和 Cocco（2007）对一些地区住房价格上涨并未产生明显的财富效应做出了解释，认为房屋作为抵押品，在房价上涨的同时又增加了购房者的贷款压力，即出现住房抵押负债效应，会抑制部分家庭尤其是年轻家庭的消费需求。颜色和朱国钟(2013)建立了一个基于生命周期的动态模型,综合了人口年龄结构、市场摩擦、收入和房价预期等因素,通过数值模拟发现,如果房价能够永久增长,资产增值会促进国民消费的增长,即出现"财富效应";但由于房价上涨无法永久持续,家庭为了购房和偿还贷款而需要压缩消费,从而出现"房奴效应"。张传勇(2014)归纳出房价波动可通过财富效应和信贷效应两种渠道共同影响居民家庭的经济行为。对于有房的家庭而言,可以在房价上涨时获取变现增值或外部融资,扩大家庭的投资和消费需求;而对于无房家庭而言,房价上涨会加重家庭的购买负担,抑制家庭在其他方面的投资和消费需求。

二、文献述评

通过以上文献梳理可以看出,家庭以住房财富为主的财产分布不均衡和居民消费率长期偏低已成为当前经济的重要矛盾(甘犁等,2013)。关于两者之间关系的论述成为近年来国内外学者关注的重点话题之一。国内外学者对于家庭住房财富和消费支出之间关系的研究较多,一般从财富效应和信贷效应的单一影响或共同影响的角度分析具体的影响机制。理论上一般用财富效应来刻画家庭资产价值的变化对消费需求产生的影响,认为在持久收入假说的前提下,家庭未预期到的资产价格上升或资产回报率提高将引致家庭财富升值,进而使得居民消费增长(Case et al.,2005;Campbell and Cocco,2007;李涛、陈斌开,2014),但由于房价上涨无法永久持续,家庭为了购房和偿还贷款而需要压缩其他消费,由此可能出现抵押负债效应(也称为房奴效应)(Gan,2010;陈彦斌、邱哲圣,2011;颜色、朱国钟,2013)。但由于考察对象的不同,到底哪种效应占据主导,相关研究尚没有得出完全一致的结论。

由此,本研究将在已有文献的基础上,采用 Chetty 等(2017)分离家庭抵押负债效应和净资产效应的方法,检验住房财富对家庭消费的影响机制及具体表现。同时,现有文献多局限于研究住房与家庭一般消费品支出,虽然也有区分耐用品(尹志超、甘犁,2009)、非耐用品(杨耀武等,2013)以及教育支出(陈永伟等,2014)的研究,但并未区分出旅游消费等家庭新兴消费。事实上,家庭在旅游等新兴消费方面往往表现出与一般消费品不同的特征,旅游消费除了表现出与一般消费品类似的特征,即与家庭收入(龙江智、李恒云,2012)、家庭年龄结构和性别结构(Jang and Ham,2009;Bernini and Cracolici,2015;刘雪松,2015)等经济社会学特征紧密相关外,还与个人的闲暇时间(杨勇,2015)、个人行为偏好(张紫琼等,2012;张金宝,2014)等因素有关。另外,关于家庭财富存量与旅游消费支出相关的研究也较为缺乏。

在此基础上,本章利用 2010 年和 2012 年的 CFPS 数据考察住房财富对家庭旅游消费支出的影响,并依次检验住房财富效应的存在性,分离净财富效应和抵押负债效应的微观机制,以及家庭旅游消费扩张对其他类型消费品可能产生的一致性和替代性效应,同时分析事实背后的原因。

第三节　研究中使用的计量模型、变量和数据来源

一、模型和变量

为了估计房地产财富对旅游消费影响的弹性系数,同时减少异方差性,本章基于 Bostic 等(2009)以及杨耀武等(2013)的研究,将微观家庭层面的实证模型设定为:

$$\ln C = f(\ln Y, \ln W, Z) = a_0 + a_1 \ln Y + a_2 \ln W + \sum_i a_{3i} Z_i + \xi_{it}$$

$$(3-1)$$

其中,C 为家庭旅游消费,Y 为家庭收入,W 为家庭所持有的住房价值,Z 为家庭特征、户主特征以及家庭所在省区市的特征等控制变量。

二、数据与描述性统计

本章实证中采用的数据包括 2010 年和 2012 年的中国家庭追踪调查数据以及 2013 年各省区市统计年鉴。其中,CFPS 数据库的样本涵盖除港、澳、台以及新疆、西藏、青海、内蒙古、宁夏、海南之外的 25 个省区市,样本规模为 16 000 户。其中,主要考察变量来自 2012 年的 CFPS 家庭、成人和儿童

数据库;家庭户主的认定、家庭住房增值等信息来自 2010 年的中国家庭追踪调查数据,然后再根据家庭 ID 进行逐一匹配;省区市特征控制变量主要来自 2013 年的各省区市统计年鉴。

　　本章对于家庭旅游消费的度量主要选取 CFPS 数据库中涉及家庭旅游信息的家庭旅游消费支出(tourism1)和家庭人均旅游文娱支出(tourism2)两个指标。此外,将家庭用于非义务教育的培训教育支出(training)、家庭用于非医疗的健康保健支出(health)以及家庭旅游消费支出归纳为家庭新兴消费支出(emerging),它与家庭必需品消费支出(necessity)和家庭耐用品消费支出(durable)一起构成家庭总消费支出(consumption)。家庭总财富(wealth)包括金融资产(f_wealth)和实物资产(主要是住房资产,hv)两部分。其中,金融资产包括家庭持有的现金和存款(cash)、股票市值(stock)、基金和理财产品市值(fund)、债券市值(bond)、金融衍生品(forward)等。在回归方程中,本章选择的控制变量分为三个层次:首先是家庭特征变量,包括家庭现金和存款、家庭人口规模、孩子读书阶段、家庭是否自我雇佣以及是否享受财政补贴,因为除了核心考察变量家庭收入和家庭财富外,这些变量对家庭旅游消费行为也具有重要影响;其次,参考以往文献对家庭消费或旅游消费决定因素的分析,本章又控制了户主性别、户主年龄、户主是否上班、户主教育水平、户主户口情况、户主是否结婚以及户主收入(万元)等特征变量;最后,为克服家庭所在地区的异质性,这里又控制了影响家庭旅游消费的省区市特征,包括该地区的人均 GDP、AAAA 级以上景区数、人口规模以及人均储蓄余额等变量。同时,为了消除异方差,我们在回归分析中对相关变量做取自然对数处理。以上变量的基本描述性统计结果如表 3-1 所示。

表 3-1　变量选取及描述性统计

变　　量	观测值	均值	标准差	最小值	最大值
家庭旅游消费支出(万元)	8 316	0.041 7	0.271	0	10
家庭人均旅游文娱支出(万元)	8 151	0.353	0.639	0	11.22
家庭总收入(万元)	7 445	4.515	6.531	0	183.8
是否有产权	8 311	0.924	0.265	0	1

续 表

变　量	观测值	均值	标准差	最小值	最大值
2012 年住房市值(万元)	8 316	17.14	55.42	0	3 000
2010 年住房市值(万元)	8 305	11.15	29.20	0	600
住房增值(万元)	8 305	5.964	53.25	−500	2 980
产权时间	6 025	14.29	10.96	0	112
产权时间的平方	6 025	324.2	559.1	0	12 544
是否有房贷	7 680	0.056 1	0.230	0	1
家庭总财富(万元)	8 316	19.42	57.23	0	3 000
金融资产(万元)	8 316	2.279	8.583	0	440
培训教育支出(万元)	8 316	0.291	0.509	0	11
健康保健支出(万元)	8 316	0.009 66	0.091 7	0	5
总消费支出(万元)	8 316	1.194	3.266	0	152.3
必需品消费支出(万元)	8 316	0.340	1.045	0	50.30
耐用品消费支出(万元)	8 316	0.512	2.885	0	150
家庭新兴消费支出(万元)	8 316	0.342	0.636	0	11.70
现金和存款(万元)	8 316	2.022	7.146	0	400
家庭人口规模	8 316	5.497	2.031	2	17
孩子读书阶段	8 316	1.329	1.062	0	3
是否自我雇佣	8 316	0.117	0.322	0	1
是否享受财政补贴	8 316	0.614	0.487	0	1
户主性别	8 304	0.762	0.426	0	1
户主年龄	8 303	46.52	13.05	16	99
户主是否上班	8 316	0.818	0.386	0	1
户主教育水平	8 315	2.595	1.144	1	8
户主户口情况	7 822	0.199	0.399	0	1
户主是否结婚	7 987	0.935	0.246	0	1
户主收入的对数	3 985	9.557	1.184	0	23.29
省区市人均 GDP 的对数	8 316	10.46	0.388	9.889	11.44
省区市 AAAAA 级以上景区数的对数	8 316	4.294	0.487	2.773	5.030
省区市人口总数的对数	8 316	8.601	0.527	7.254	9.268
省区市人均储蓄余额的对数	8 316	10.13	0.416	9.532	11.56

为直观展现家庭住房市值、金融资产与旅游消费之间以及有房和无房家庭中财富总量与旅游消费支出之间的关系,这里分别给出了如图3-1～图3-4所示的散点图。

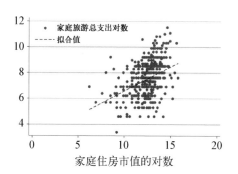

图3-1　家庭住房市值与旅游消费

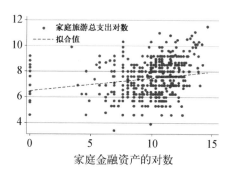

图3-2　家庭金融资产与旅游消费

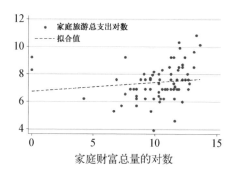

图3-3　家庭财富与旅游消费(无房)

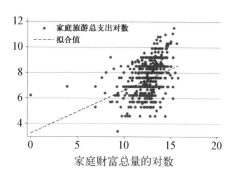

图3-4　家庭财富与旅游消费(有房)

图3-1和图3-2分别表示家庭旅游消费与家庭住房市值及家庭金融资产的关联性,可以直观看出,家庭旅游消费支出与家庭住房市值的相关系数要大于其与家庭金融资产的相关系数。而进一步就有房家庭和无房家庭进行区分后发现(见图3-3和图3-4),有房家庭的财富总量与其旅游消费支出呈明显正相关关系,而无房家庭的财富总量与其旅游消费支出的关联性并不明显。但以上发现的具体机制还有待进一步检验。

三、旅游消费的家庭特征分析

表3-2采用probit回归给出了家庭有旅游消费支出的基本特征信息。

从边际效应(marginal effect)的结果来看,家庭总收入、家庭住房市值和家庭财富总量都有助于增加家庭的旅游消费。此外,家庭特征方面,家庭人口规模、是否自我雇佣、现金和存款对旅游消费支出的影响均不显著,孩子读书阶段会提升家庭发生旅游消费的概率,而享受财政补贴会抑制家庭旅游消费的发生;个人特征方面,户主年龄、户主教育水平、户主户口情况会影响家庭旅游消费发生的概率,而户主性别、户主是否上班、户主是否结婚、户主收入的对数对家庭是否发生旅游消费影响不显著;而各省区市人均GDP、AAAA级以上景区数、人口总数、人均储蓄余额等地区特征变量对家庭是否产生旅游消费的影响均不显著。

表3-2　旅游消费的家庭特征分析

解 释 变 量	被解释变量				边际效应
	家庭是否有旅游支出(yes=1,no=0)				
家庭总收入的对数	0.177***	0.191***	0.162***	0.156***	0.0281***
	(0.025 8)	(0.029 2)	(0.057 9)	(0.058 0)	(0.010 4)
家庭住房市值的对数	0.227***	0.155***	0.050 3	0.059 4*	0.010 7*
	(0.024 2)	(0.024 6)	(0.033 5)	(0.034 1)	(0.006 14)
家庭金融资产的对数	0.093 5***	0.186***	0.178**	0.174**	0.031 4**
	(0.013 6)	(0.052 5)	(0.074 3)	(0.073 8)	(0.013 3)
家庭人口规模		−0.076 7***	−0.037 1	−0.032 5	−0.005 86
		(0.014 8)	(0.022 7)	(0.023 0)	(0.004 13)
是否自我雇佣		0.068 2	0.150	0.166	0.029 9
		(0.068 9)	(0.109)	(0.110)	(0.019 9)
现金和存款		−0.103**	−0.108	−0.102	−0.018 4
		(0.052 4)	(0.074 6)	(0.074 0)	(0.013 3)
孩子读书阶段		0.051 9	0.149**	0.151**	0.027 2**
		(0.049 7)	(0.069 2)	(0.069 3)	(0.012 6)
是否享受财政补贴		−0.475***	−0.279***	−0.290***	−0.052 3***
		(0.051 6)	(0.081 2)	(0.083 5)	(0.015 0)
户主性别			−0.152	−0.152	−0.027 3
			(0.092 4)	(0.092 9)	(0.016 8)

续　表

解 释 变 量	被解释变量				边际效应
	家庭是否有旅游支出(yes=1,no=0)				
户主年龄	0.006 42*	0.007 35**			0.001 32**
	(0.003 31)	(0.003 33)			(0.000 602)
户主是否上班	0.128	0.151			0.027 2
	(0.110)	(0.112)			(0.020 2)
户主教育水平	0.149***	0.146***			0.026 3***
	(0.033 6)	(0.033 8)			(0.006 00)
户主户口情况	0.518***	0.495***			0.089 2***
	(0.085 3)	(0.086 2)			(0.015 5)
户主是否结婚	0.048 8	0.092 6			0.016 7
	(0.153)	(0.154)			(0.027 8)
户主收入的对数	0.061 5	0.068 3			0.012 3
	(0.042 6)	(0.042 2)			(0.007 60)
省区市人均 GDP 的对数				0.146	0.026 4
				(0.228)	(0.041 1)
省区市 AAAA 级以上景区数的对数				−0.202	−0.036 5
				(0.147)	(0.026 5)
省区市人口总数的对数				−0.004 21	−0.000 759
				(0.145)	(0.026 1)
省区市人均储蓄余额的对数				−0.158	−0.028 5
				(0.201)	(0.036 2)
常数项	−6.530***	−5.125***	−5.371***	−4.629***	
	(0.350)	(0.364)	(0.615)	(1.346)	
观测值	6 178	6 165	2 721	2 721	2 721
伪 R^2	0.230	0.230	0.230	0.230	

注：① 括号内数值为稳健性标准误。

② ***、** 和 * 分别表示在 1%、5% 和 10% 水平上显著。

③ 限于篇幅,这里并没有列出家庭特征、户主特征、省区市特征等控制变量的估计结果。

第四节 房价、住房财富影响家庭消费的实证分析

一、基准回归分析

基准回归分析中分别以家庭旅游消费总量的对数、家庭人均旅游文娱支出的对数为被解释变量,解释变量包括家庭总收入的对数、家庭住房财富的对数、家庭金融资产的对数等主要考察变量以及上文提到的可能影响家庭旅游消费的家庭特征变量、户主特征变量以及家庭所在省区市特征变量等控制变量。通过简单的回归分析,发现家庭是否持有住房产权与家庭旅游消费的相关性并不显著,这一发现与上文的研究假设较为一致,即家庭旅游消费受家庭财富的影响而不是受住房产权本身的影响,同时,房产对于家庭旅游消费支出的影响并不是直观的线性关系。由此,本研究又进一步引入了家庭获得产权的时间及其平方项作为解释变量来考察家庭获得住房产权的时间与旅游消费支出的动态关系。

表 3-3 的结果显示,无论是否添加控制变量,家庭总收入、家庭住房市值和家庭金融资产总量的增加都会对家庭旅游消费支出有明显的促进作用,且家庭旅游消费支出受住房财富的影响要大于受家庭总收入和家庭金融资产的影响;家庭获得住房产权的时间与家庭旅游消费存在"U"形关系,即家庭购房虽然短期内会抑制其旅游支出,但长期来看则有利于促进旅游消费支出。其可能的原因在于,购房(获得住房产权)的家庭在短期内可能有房贷压力而降低旅游消费支出,但长期内随着家庭收入和住房财富的增加又会扩大旅游消费支出,并可能选择提前还清住房抵押贷款。

表 3-3　基准回归结果(1)

解 释 变 量	被解释变量			
	家庭旅游消费总量的对数			
家庭总收入的对数	0.244***	0.255***	0.272***	0.308***
	(0.039 3)	(0.040 8)	(0.085 0)	(0.078 4)

续　表

解释变量	被解释变量			
	家庭旅游消费总量的对数			
家庭住房市值的对数	0.400***	0.361***	0.309***	0.339***
	(0.043 3)	(0.045 9)	(0.076 9)	(0.071 8)
家庭金融资产的对数	0.039 5**	0.307**	0.248**	0.271**
	(0.020 1)	(0.130)	(0.123)	(0.125)
获得产权时间	−0.034 5***	−0.031 5***	−0.019 2	−0.013 9
	(0.011 9)	(0.012 1)	(0.016 3)	(0.017 6)
获得产权时间的平方	0.000 908***	0.000 875***	0.000 753*	0.000 655
	(0.000 282)	(0.000 284)	(0.000 401)	(0.000 467)
家庭特征		✓	✓	✓
户主特征			✓	✓
省区市特征				✓
常数项	−0.250	0.418	−0.881	8.756***
	(0.648)	(0.703)	(1.079)	(2.736)
观测值	559	557	364	364
R^2	0.294	0.315	0.357	0.408

注：① 括号内数值为稳健性标准误。
　　② ***、** 和 * 分别表示在1%、5%和10%水平上显著。
　　③ 限于篇幅，这里并没有列出家庭特征、户主特征、省区市特征等控制变量的估计结果。

　　表3-4是以家庭人均旅游文娱等消费支出为被解释变量的回归结果，虽然家庭住房财富、金融资产以及家庭总收入的系数都显著为正，但与表3-3以家庭旅游消费为被解释变量的回归结果存在明显差异。一方面，虽然在不添加控制变量时，家庭总收入和住房财富对人均旅游文娱支出的影响要远大于家庭金融资产对人均旅游文娱支出的影响；但当逐一添加家庭特征、个人特征和省区市特征等控制变量后，受控制变量的影响，家庭金融资产对家庭人均旅游文娱等消费支出的影响反而要大于家庭总收入和住房财富对家庭人均旅游文娱等消费支出的影响。另一方面，家庭获得产权的时间与家庭人均旅游文娱支出呈现的是倒"U"形关系，即家庭购房虽然没有立即降低家庭的旅游消费总量，但是会降低家庭的人均旅游文娱支出。

考虑到本章研究的范畴为家庭总量层面,故下文的理论机制与稳健性检验主要采用家庭旅游消费支出总量作为被解释变量展开相应的分析。

表 3－4　基准回归结果(2)

解释变量	被解释变量			
	家庭人均旅游文娱支出的对数			
家庭总收入的对数	0.159***	0.132***	0.143***	0.127***
	(0.015 8)	(0.015 9)	(0.034 6)	(0.034 6)
家庭住房市值的对数	0.194***	0.147***	0.114***	0.085 3***
	(0.016 5)	(0.017 1)	(0.026 5)	(0.026 9)
家庭金融资产的对数	0.019 9***	0.260***	0.199***	0.189***
	(0.007 40)	(0.051 1)	(0.061 9)	(0.060 5)
获得产权时间	0.009 39*	0.009 25*	0.009 31	0.007 41
	(0.004 92)	(0.004 96)	(0.006 80)	(0.006 76)
获得产权时间的平方	−0.000 222**	−0.000 215*	−0.000 220	−0.000 198
	(0.000 109)	(0.000 110)	(0.000 142)	(0.000 142)
家庭特征		√	√	√
户主特征			√	√
省区市特征				√
常数项	3.573***	4.531***	4.060***	1.503
	(0.227)	(0.245)	(0.487)	(1.160)
观测值	3 996	3 985	1 928	1 928
R^2	0.094	0.118	0.189	0.199

注:① 括号内数值为稳健性标准误。
② ***、** 和* 分别表示在 1%、5% 和 10% 水平上显著。
③ 限于篇幅,这里并没有列出家庭特征、户主特征、省区市特征等控制变量的估计结果。

二、影响机制:财富效应还是房奴效应?

以上内容通过选取家庭旅游消费支出和人均旅游文娱等消费支出为被解释变量,检验家庭住房财富对于旅游消费支出的影响。正如前文所给出的研究假设,家庭在购买房产后,既可能会随着房产的升值而增加旅游消费,即产生财富效应,但也有可能会因为要偿还住房抵押贷款而不得不减少家庭旅游消费支出,即出现房奴效应。结合表3－3和表3－4的检验结果,也发现在选取衡量家庭旅游消费的不同变量时,家庭取得房屋产权的时间对家庭旅游消费支出的影响不一致,这很有可能就是作用机制存在的差异。

因此,有必要进一步识别住房财富影响家庭旅游消费支出的作用机制及净效应。在识别策略上,参考 Chetty 等(2017)的做法,分离家庭住房财富的净资产效应和抵押负债效应:首先假设有住房抵押贷款的家庭和无住房抵押贷款的家庭存在系统性差异,将两类家庭分成两个子样本分别回归;然后再假设两类家庭不存在系统性差异,引入家庭是否有住房抵押贷款的虚拟变量,通过家庭住房抵押贷款与住房市值的交互项来识别住房抵押贷款的调节效应。

从表3－5可以看出,在考察住房抵押贷款调节效应的回归方程中,家庭是否有住房按揭贷款虚拟变量以及它与家庭住房市值的交互项均不显著,表明对于有住房抵押贷款的家庭和无住房抵押贷款的家庭来说,家庭住房财富对家庭旅游消费支出的影响存在系统性差异,因此子样本分析的结果更加符合本章的研究假设。子样本分析的结果表明,家庭住房财富对家庭旅游消费支出的影响主要表现为财富效应,房奴效应受户主特征和省区市特征的影响并不显著。

三、稳健性检验

(一) 平滑样本前后5%的奇异值

由于本章实证分析中使用的数据为微观调查数据,特别是关键考察变量家庭住房财富是基于家庭自评的房屋价值,可能会出现高估或低估现象,从而可能出现调查样本的首尾奇异值。因此,本研究采取的第一步稳健性检验就是对样本前后5%的奇异值进行平滑处理后再回归。可以看出,经过平滑处理后,虽然家庭金融资产对家庭旅游消费影响的显著性出现了不一致性,但住房市值对家庭旅游消费的影响仍然是显著的正效应。

(二) 考虑家庭住房财富是否增值

住房财富对家庭消费的影响主要表现为财富效应而非房奴效应,即家庭旅游消费支出主要受住房市值变化的影响。为检验这一影响机制的稳健

表 3-5 影响机制：财富效应还是房效效应？

解释变量	被解释变量为家庭旅游消费支出的对数											
	有房有贷款的家庭 (loan=1)				有房无贷款的家庭 (loan=0)				住房抵押贷款的调节效应			
家庭总收入的对数	0.307***	0.244*	−0.261	−0.450	0.261***	0.272***	0.310***	0.330***	0.264***	0.272***	0.266***	0.285***
	(0.111)	(0.130)	(0.439)	(0.492)	(0.039 4)	(0.041 0)	(0.082 6)	(0.076 9)	(0.037 4)	(0.038 8)	(0.079 7)	(0.073 8)
家庭住房市值的对数	0.429***	0.601***	0.470	−0.114	0.332***	0.277***	0.215***	0.242***	0.335***	0.285***	0.213***	0.221***
	(0.122)	(0.210)	(0.406)	(0.538)	(0.039 3)	(0.039 9)	(0.058 8)	(0.057 6)	(0.039 3)	(0.039 7)	(0.058 6)	(0.056 4)
家庭金融资产的对数	−0.081 4	0.411	0.485	0.602*	0.028 1	0.280*	0.214	0.225	0.020 6	0.303**	0.237*	0.250*
	(0.065 8)	(0.276)	(0.324)	(0.347)	(0.019 6)	(0.138)	(0.138)	(0.137)	(0.019 2)	(0.129)	(0.127)	(0.127)
家庭特征		√	√	√		√	√	√		√	√	√
户主特征		√	√	√		√	√	√		√	√	√
省区市特征		√	√	√		√	√	√		√	√	√
是否有有房贷									0.361	0.951	−3.799	−3.296
									(1.313)	(1.296)	(3.662)	(3.456)
房贷与住房市值交互项									−0.015 6	−0.065 6	0.276	0.230
									(0.103)	(0.102)	(0.277)	(0.261)
常数项	−0.248	−2.124	−1.061	23.14	0.293	1.265**	−0.411	6.646**	0.289	1.169**	0.013 1	7.332***
	(1.230)	(2.492)	(5.843)	(13.76)	(0.559)	(0.582)	(1.090)	(2.723)	(0.550)	(0.573)	(1.041)	(2.549)
观测值	74	74	45	45	566	562	362	362	640	636	407	407
R^2	0.261	0.328	0.540	0.596	0.265	0.296	0.333	0.376	0.274	0.302	0.341	0.386

注：① 括号内数值为稳健性标准误。
② ***、**和*分别表示在1%、5%和10%水平上显著。
③ 限于篇幅，这里并没有列出家庭特征、户主特征、省区市特征等控制变量的估计结果。

性,进一步采用家庭财富变化量作为家庭财富的替代变量。其中,对于家庭财富变化量的计算采用 CFPS 数据库提供的同一 ID 家庭 2012 年家庭住房市值与 2010 年住房市值的差值来表示。图 3-5 简单描述了家庭住房财富变化量(dhv)、家庭住房财富增加量(dhv≥0)以及家庭住房财富减少量(dhv<0)与家庭旅游消费支出的关系散点图。从图 3-5 中可以看出,当不区分住房财富增加的家庭和住房财富减少的家庭时[见图 3-5(a)],家庭住房财富变化量对家庭旅游消费支出的影响并不显著;而当区分住房财富增加和减少的家庭时,住房财富变化量与家庭旅游消费支出呈明显的正相关关系[见图 3-5(b)和图 3-5(c)]。

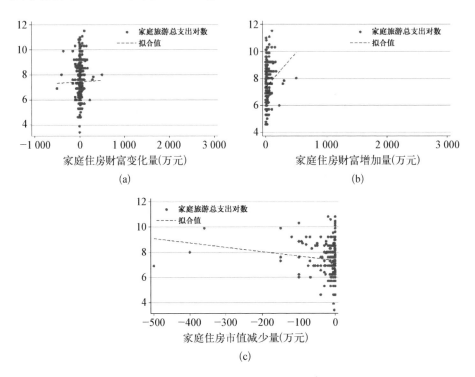

图 3-5　家庭住房财富变化量、增加量、减少量与家庭旅游消费支出的关系

(三) 考虑家庭住房是用于自住还是投资

如何区分家庭住房是用于自住还是投资,是研究住房财富效应时所面临的主要争议。因为相比购房用于投资的家庭,购房用于自住的家庭可能无法立即对房屋升值做出反应,如提升消费等。由于 CFPS 数据库并没有就家庭

购房目的展开调查,采用家庭住房财富占家庭财富总量的比值作为替代变量来识别家庭的购房目的。一般来说,家庭住房财富占家庭总财富的比重越高,说明家庭的资产组合越单一,持有的住房也就越有可能作为自住目的使用。

用家庭住房财富占家庭总财富的比重作为家庭住房市值的替代变量,回归结果显示,家庭住房财富效应仍然显著为正,但控制家庭特征、户主特征和省份特征后,家庭金融资产的财富效应不再显著。这说明,家庭购房无论是出于自住目的还是投资目的,家庭住房财富增加对家庭旅游消费支出都产生了明显的正向影响。此外,随着家庭住房财富的比重逐步提高,家庭不再持有其他资产,家庭金融资产的财富效应也就不再显著。这也进一步验证了当前家庭住房财富增加对于家庭旅游消费支出的影响主要表现为财富效应而非抵押负债效应。

四、住房财富对家庭其他消费品支出的影响

前文就家庭住房财富对以旅游消费支出为代表的家庭新兴消费支出的存在性、影响机制及结论的稳健性进行了系统性检验。接下来,本书还将就住房财富引致的旅游消费扩张是否会影响其他类新兴消费支出以及家庭耐用品、必需品等消费支出进行分析。在研究设计上,首先以家庭不同类别消费品支出作为被解释变量,检验家庭住房财富对家庭旅游消费支出及其他类别消费品支出的影响是否具有一致性,回归分析结果如表 3－6 所示;接着以不同类别消费品支出占家庭总消费的比重作为被解释变量,检验家庭住房财富引致的家庭旅游消费扩张对不同类别消费品支出的影响是否具有排他性,回归分析结果如表 3－7 所示。

表 3－6 住房财富引致家庭旅游消费扩张的一致性检验

解释变量	被解释变量						
	家庭旅游消费的对数	培训教育支出的对数	健康保健支出的对数	新兴消费支出的对数	必需品消费的对数	耐用品消费的对数	家庭总消费的对数
家庭总收入的对数	0.280***	0.117***	0.179***	0.155***	0.136***	0.153**	0.182***
	(0.073 0)	(0.032 2)	(0.062 1)	(0.031 9)	(0.021 7)	(0.063 3)	(0.025 5)

解释变量	被解释变量						
	家庭旅游消费的对数	培训教育支出的对数	健康保健支出的对数	新兴消费支出的对数	必需品消费的对数	耐用品消费的对数	家庭总消费的对数
家庭住房市值的对数	0.210***	0.048 7**	0.248***	0.073 8***	0.195***	0.166***	0.174***
	(0.055 3)	(0.022 9)	(0.076 9)	(0.023 2)	(0.017 7)	(0.042 4)	(0.018 9)
家庭金融资产的对数	0.257**	0.162***	−0.123	0.243***	0.091 9**	0.229*	0.251***
	(0.126)	(0.040 8)	(0.166)	(0.056 8)	(0.043 2)	(0.125)	(0.058 8)
家庭特征	√	√	√	√	√	√	√
户主特征	√	√	√	√	√	√	√
地区特征	√	√	√	√	√	√	√
常数项	7.129***	2.159*	−3.368	1.578	8.642***	4.307**	5.627***
	(2.514)	(1.115)	(2.655)	(1.101)	(0.694)	(1.910)	(0.851)
观测值	407	2 218	257	2 293	2 671	1 037	2 711
R^2	0.382	0.118	0.309	0.187	0.239	0.121	0.244

注：① 括号内数值为稳健性标准误。
　　② ***、**和*分别表示在1％、5％和10％水平上显著。
　　③ 限于篇幅,这里并没有列出家庭特征、户主特征、省区市特征等控制变量的估计结果。

表3-6显示,家庭住房财富对于家庭旅游消费和其他类别消费品的影响具有一致性,都表现为显著的正效应,即住房财富升值会全面增加居民消费支出;从影响效果上来看,家庭住房财富对健康保健支出的影响弹性最大(弹性为0.248),其次为家庭旅游消费(弹性为0.210)和必需品支出(弹性为0.195),对培训教育支出的影响弹性最小(弹性为0.048 7);而金融资产除了对家庭健康保健支出的影响具有不显著的负效应外,对其他类别消费品支出的影响也是显著的正效应。

表3-7　住房财富引致家庭旅游消费扩张的排他性检验

解释变量	被解释变量					
	旅游消费/新兴消费	健康保健/新兴消费	培训教育/新兴消费	新兴消费/总消费	必需品消费/总消费	耐用品消费/总消费
家庭总收入的对数	0.017 0***	0.004 71	−0.021 7***	−0.008 24	−0.010 4	0.018 6***
	(0.004 07)	(0.003 11)	(0.005 18)	(0.006 24)	(0.006 96)	(0.005 94)

续　表

解释变量	被解释变量					
	旅游消费/ 新兴消费	健康保健/ 新兴消费	培训教育/ 新兴消费	新兴消费/ 总消费	必需品消费/ 总消费	耐用品消费/ 总消费
家庭住房市值 的对数	0.005 80* (0.003 17)	0.004 17** (0.001 79)	−0.009 97*** (0.003 66)	−0.018 8*** (0.004 85)	0.005 19 (0.005 10)	0.013 6*** (0.004 48)
家庭金融资产 的对数	0.026 8 (0.016 8)	−0.008 30** (0.003 83)	−0.018 5 (0.017 1)	0.026 0** (0.012 8)	−0.051 1*** (0.012 1)	0.025 1* (0.014 8)
家庭特征	√	√	√	√	√	√
户主特征	√	√	√	√	√	√
地区特征	√	√	√	√	√	√
常数项	−0.284 (0.180)	−0.500*** (0.125)	1.785*** (0.212)	−0.845*** (0.222)	1.752*** (0.231)	0.093 1 (0.212)
观测值	2 293	2 293	2 293	2 711	2 711	2 711
R^2	0.159	0.043	0.163	0.091	0.068	0.044

注：① 括号内数值为稳健性标准误。
　　② ***、** 和 * 分别表示在 1%、5% 和 10% 水平上显著。
　　③ 限于篇幅，这里并没有列出家庭特征、户主特征、省区市特征等控制变量的估计结果。

表 3-7 显示，家庭住房财富升值引起的旅游消费扩张，虽然全面提高了家庭在不同类别消费品上的支出总量，但其对家庭不同类别消费品的支出比重的影响却存在明显的不一致性。具体来说，随着家庭住房财富的增加，家庭在旅游消费、健康保健以及耐用品消费方面的支出比例会提高，必需品支出的比重变化不显著，但在培训教育和新兴消费上的支出比重会降低。这表明住房财富增加引致的家庭旅游消费扩张具有明显的排他性，虽然没有影响到家庭在必需品和耐用品上的消费支出，但挤出了家庭在培训教育等新兴消费上的支出，进而降低了家庭总的新兴消费的比重。

第五节　本章小结

一、研究结论

本章创新性地以旅游消费为代表的家庭新兴消费为对象，研究高房价背景下提升家庭新兴消费的可能性。首先,采用 2010 年和 2012 年 CFPS 数据进行实证分析后发现,无论是以家庭旅游消费总量还是家庭人均旅游文娱支出作为被解释变量,均发现家庭住房财富增加显著地提高了家庭的旅游消费支出,即住房财富的增加有助于提高家庭新兴消费支出;在时间趋势上,家庭获得住房产权的时间与旅游消费总支出呈现"U"形关系。其次,采用 Chetty 等(2017)的方法分离出家庭的抵押负债效应和净财富效应,发现房产对旅游消费的影响主要表现为财富效应而不是抵押负债效应。当进一步区分家庭是否有抵押贷款时,发现相比有住房抵押贷款的家庭,无住房抵押贷款的家庭其住房财富对旅游支出的影响更加稳健;且无论是划分子样本还是引入交互项,都表明住房对旅游支出的影响主要表现为财富效应,而抵押负债效应并不明显。最后,就住房财富引致的旅游消费扩张对家庭不同类型消费品的一致性和替代性效应进行了检验,发现家庭住房财富的增加虽然全面提高了家庭在旅游消费及其他类别消费品上的支出总量,但在消费支出比重上存在明显的排他性,家庭旅游消费扩张虽然没有影响到家庭在必需品和耐用品上的消费支出,但挤出了家庭在培训教育方面的支出,从而降低了家庭总的新兴消费的比重。

二、政策启示

新兴消费的创新性和需求弹性较大的特点表明了新兴消费具有较大的市场潜能,但不同类型的新兴消费支出之间的替代性也表明,提升新兴消费还需要合理的引导,从而有效发挥新兴消费在带动经济增长方面的重要作用。同时,对于中国居民家庭来说,新兴消费的有效提升还需要健康平稳的房地产市场作为前提。

第四章

住房与中国城市居民家庭的财富分配差距

第一节 引 言

一、本章研究问题

自 1998 年我国城市住房市场化改革实施以来,伴随着城市化的快速发展以及房价的高涨,房产越来越成为城镇家庭最重要的财产。中国人民银行公布的《2019 年中国城镇居民家庭资产负债情况调查》显示,2019 年我国城镇地区住房自有率达到 96.0%,比美国总体的住房自有率 63.7% 高出 32.3 个百分点。家庭资产以实物资产为主,户均住房资产达 187.8 万元,住房资产占家庭总资产的比重为 74.2%。同时,以房产为主的私人财富占国民收入的比重也在迅速提高。根据 Piketty 等(2019)的测算,1978 年中国的私人财富相对有限,约占国民收入的 100%,但到了 2015 年占国民收入的比重则高达 450% 以上。

住房作为家庭财产的重要组成部分,高涨的房价直接或间接地影响着全社会的收入与财产分配,成为家庭财产积累和财产分化的重要渠道(Blundell and Etheridge,2010)。1995 年,我国城镇居民拥有住房财产的基尼系数为 0.546,并且差距在不断拉大,到了 2018 年就高达 0.712。20 世纪 90 年代开始的住房市场化改革过程,即单位住房资产的私有化进程,部分家庭特别是干部家庭和有成员在国有单位工作的家庭,通过折扣价格购买单位住房的方式,实现了家庭财富的积累。2003 年之后,伴随着住房价格的普遍上涨,这部分家庭更容易获取财产性收入,激化了家庭财富扩张的

"财富创造效应",贫富差距迅速拉大(何晓斌、夏凡,2012)。对于我国城镇居民住房财产的流动性,黄静等(2017)利用1989—2011年的8次CHNS调查数据研究发现:从趋势上来看,房改以来,城镇居民住房财产的水平流动性伴随着房价上涨而迅速增强,但住房财产的位置流动性在降低,位置互换程度变弱,处于中等偏高以上的家庭位置更加固化;从结构上来看,房改前,一般技术人员、国企和集体企业、中年组的住房财产位置向上流动性强,房改后,处于顶层的高级专业技术人员和高管住房财产位置固化,国企以及政府和事业单位员工的位置向上流动性强。

家庭住房财产的多少以及差距的大小对家庭投资组合、家庭金融市场参与、家庭收益、家庭创业、劳动力流动、子女的教育投入以及社会流动性等诸多方面都会产生显著影响(Chetty et al.,2017;Halket and Vasudev,2014;Lovenheim and Reynolds,2013)。住房财产与家庭微观行为结合在一起,进一步地作用于社会财富和资源的分配与再分配,又间接地推动了居民家庭财产分布的不均等,并进一步导致社会阶层分化,影响社会和谐和经济稳定,造成各种社会问题甚至是社会危机(张传勇,2014;张传勇等,2020;Zhang et al.,2021)。

二、本章内容安排

相比以往文献,本章创新性地研究了住房所有权对于中国城市居民家庭财富分配的影响。本研究采用省(区、市)级面板数据的固定效应模型,回归估计结果表明,自房改以来,住房自有率对中国居民家庭之间的财富不平等程度产生了显著的负向影响。其影响机制在于,房改初期,受中低收入家庭购房和中产阶层换房的推动,住房自有率的上升降低了财富不均等程度;而房改后期,住房自有率下降导致有房与无房家庭之间的贫富差距拉大,低收入家庭的财富状况不仅受到较低住房自有率的削弱,同时还受到房价上涨对于持有住房的中高收入家庭的财富增强效应的影响。

本章的内容结构安排如下:第二节是文献综述与理论机制分析;第三节实证检验了住房对居民家庭财富不平等的影响;最后则是本章的结论和政策启示。

第二节　住房与家庭住房财富差距相关文献梳理

近年来,国内外学者对住房所有权与家庭财富之间的关系进行了大量研究。研究涉及的主要内容包括:不同群体之间拥有住房的财富创造效应及其潜在机制(Killewald and Bryan,2016;Turner and Luea,2009),不同的制度背景下住房所有权对社会财富分配产生的总体影响(Holloway,1991),以及中国住房所有权与财富不平等之间的关系等(Knight,2014;Li and Sicular,2014;Walder and He,2014;Xie and Jin,2015;Zhou and Song,2016;Wan et al.,2021)。

一、家庭财富不平等状况及其原因

家庭财富很大程度上是收入分配累积的结果,而财富是存量,收入是流量。家庭获取的各种资产及其增值部分所造成的贫富差距远比收入分配所造成的差距大,因此衡量家庭的财富不平等程度更适合用家庭财富作为衡量指标(Piketty et al.,2019;原鹏飞、王磊,2013)。近年来,我国居民的财产差距在明显扩大,当前我国财富基尼系数高达0.7左右,居民家庭之间的财富不平等程度已较为严重(Zhang et al.,2021)。虽然我国财富不平等程度暂未达到一些发达国家的水平,但是其扩张速度远高于其他国家。

调查显示,美国的国民财富主要集中在小部分家庭。20世纪80年代末,美国前7%的家庭约拥有社会全部财富的25%;自2007年以来,美国前3%的家庭拥有的财富数量已经超过社会全部财富数量的50%;到了2013年,美国90%的家庭仅拥有社会全部财富的25%,财富向社会最顶层不断集聚(廉永辉、张琳,2013)。Piketty等(2019)研究发现,1978—2015年,中国前10%的人口占据了全国67%的财富。下面分别从宏观和微观两个方面分析财富不平等形成的原因。

（一）宏观成因

1. 经济全球化

经济全球化会直接或间接影响家庭财富不平等状况。在经济全球化下，经济制度设计的差异、各种生产要素的相对价格差异、跨国流动性差异和资本的收益率差距等因素，都会加剧居民财富的不平等状况。一方面，金融制度设计与市场化的资源配置模式都是唯效率优先的，这就导致金融资源分配过程中，会对贫困群体产生排斥；另一方面，在金融全球化和财富金融化的影响下，富有群体有更高的资产回报率，财富积累速度也更快，两方面共同作用会加剧居民财富不平等状况（黄平、李奇泽，2020）。

2. 通货膨胀

通货膨胀也是影响家庭财富不平等的重要因素之一。通货膨胀具有再分配效应，不仅会影响家庭的收入水平，而且也会导致家庭财富分布产生变化，对家庭财富有多方面的影响。通过对美国 1929—2009 年和 1962—2009 年财富不平等演变的分析，发现财富不平等的变化在很大程度上可以通过收入增长、利率和通货膨胀进行解释，并且通货膨胀和收入增长能够通过影响财富分配底层的净财富份额，而缓解总体财富不平等程度（Berisha et al., 2020）。

3. 城乡二元结构

城乡二元结构是我国户籍制度的产物，城乡二元结构对我国家庭财富不平等有着重要的影响。随着市场化改革的推进，我国城乡之间发展不平衡问题逐渐凸显，城乡差距的扩大进一步加剧了居民家庭财富的分布不均状况。李实等（2005）的研究表明，1995—2002 年间，我国城乡财产差距占全国财产差距的百分比明显提升。

4. 住房制度改革

1994 年，国务院印发《关于深化城镇住房制度改革的决定》，首次以书面形式明确建立与社会主义市场经济体制相适应的住房新机制，促进了住房市场化、商品化和社会化。1998 年，国务院发出《关于进一步深化城镇住房制度改革加快住房建设的通知》，明确改变原有实物分配的住房机制，实行货币化分配的新机制，要推动房地产业成为国民经济新的增长点。这标志着我国住房体制改革进入市场化全面发展阶段。

　　住房制度改革后,住房市场开始繁荣发展,房价的上涨增加了富裕家庭的投资性住房需求,但是贫困家庭没有能力获得足够的住房,因此住房商品化改革导致了财富向少数家庭集聚,我国家庭财富不平等程度进一步加剧(陈彦斌、邱哲圣,2011;Zhang et al.,2021)。李实等(2005)认为城镇公有住房的私有化过程是城乡之间财产差距扩大的影响因素,而且也是全国财产分布差距扩大最重要的影响因素。住房市场化极大地增加了私有住房的价值。住房改革将城镇公有住房转移到私人手里,那些获得公房更加轻松的人在住房商品化过程中受益更多。比如,在国有单位工作的职工更容易从工作单位购买到低于市场价格的住房,在房地产市场蓬勃发展的背景下,这种住房不平等机制导致了家庭财富差距的扩大(何晓斌、夏凡,2012)。

(二) 微观成因

1. 个体特征

　　个体特征对家庭财富不平等的影响因素主要为职业、教育水平、婚姻状况等。职业差别会导致财富不平等程度加剧,公务员、教师、科研人员及企业管理人员是城镇中较为富裕的职业群体;而在农村,财产均值最高的群体主要是在外地打工或者从事其他非农工作的家庭,而务农的家庭财产均值较低。除此之外,在外地打工群体的内部也有较大的财产水平差异(梁运文等,2010)。企业家的预防性储蓄和自融资动机在金融摩擦和收入风险的作用下,驱动了不同职业个体财富行为的分化,进而产生了财富在部分职业群体的集中和财富不平等(杜两省、程博文,2020)。李实等(2000)研究发现,户主的财富积累在一生中出现两个峰值,两峰之间的低谷正好出现在家庭子女需要接受高等教育以及结婚成家时。这种现象反映出中国传统家庭观念的影响,即子女的教育和成家立业的重要性。虽然总体来看城镇和农村家庭中,婚姻状况与财产分布都没有明显相关性,但是在城镇家庭中,已婚与家庭的财富积累有着明显的正相关关系(梁运文等,2010)。

2. 家庭资产配置行为

　　家庭的金融行为集中在储蓄与投资两方面。储蓄是我国居民进行家庭财富积累比较常见的方式。有研究得出,家庭的储蓄,即财富积累行为也是造成家庭财富不平等的重要因素,居民因经济收入的波动而存在明显的预防性储蓄动机,会对家庭的财富积累情况产生重要影响(罗楚亮,2012)。家庭资产方面,有学者对家庭净资产收益率进行了实证分析,研究发现家庭总资产价值越高,净资产收益率也就越高,由此产生家庭财富分布差距扩大的问题(吴卫星等,2016)。总资产价值越高,意味着持有更大比例的金融投资品、住房等资产,因而其抵御通货膨胀的能力比少资产的家庭更强。

3. 机会不平等

机会不平等对于家庭财富不平等有较为明显的正向影响。缺乏机会会阻碍个人高质量地接受教育和顺利就业,导致家庭财富的差距不断扩大。国外相关研究发现,美国不同种族间有着明显的财富差距,其根源是美国财富的代际传递,并且美国教育资源的不平等同样是财富机会不平等的重要体现(Johnson,2014)。西班牙的财富不平等,48.97%是由机会不平等造成的,并且遗产继承进一步加剧了这种不平等(Palomino et al.,2017)。造成土耳其财富不平等的相关机会影响因素,其重要程度由低到高依次是兄弟姐妹数量、母亲受教育程度、父亲受教育程度和妇女出生地(Ferreira et al.,2011)。

二、财富不平等的测算方法及其述评

财富的流向无法像收入的流向一样可以明确追踪,因此财富的不平等程度衡量难度大。常用的测算财富不平等的方法较多,诸如基尼系数、泰尔系数、变异系数、扭曲系数和分位数比值等。

在使用基尼系数进行财富不平等测算的研究中,Baker等人(2004)使用加拿大微观数据测算财富基尼系数,结果显示,1984—1999年,加拿大财富基尼系数从0.691上升到0.727,同期中一些欧洲主要国家的总财富基尼系数则在0.7左右。国内学者李实等(2000)最早利用CHIPs数据测算了我国城镇居民与农村居民的净资产基尼系数,结果分别为0.4和0.33。陈彦斌(2008)利用"中国投资者行为调查"数据测算的2007年我国城镇居民与农村居民净资产基尼系数分别为0.58和0.62。孙楚仁等(2012)以帕累托法则为基础,采用最富裕个体及其排名来计算基尼系数,并且采用胡润中国富豪榜的数据计算发现,2000年至2010年间,我国的基尼系数由0.826降至 0.349,而后回升至 0.767,此后保持在 0.62 左右。

由于家庭中的财富较难以个体为单位进行区分,因此一般多用家庭总财富来衡量家庭的融资能力。国内学者经常将基尼系数与其他系数相结合,来代替财富不平等指标作为家庭财富不平等程度的测算基础。比如,原鹏飞和王磊(2013)选取了基尼系数和阿克金森指数两个度量指标,在计算我国城镇居民住房分配的不平等指标时,同时采用 Bootstrap 方法(也称为自助法)计算了相应指标的置信区间。李实等(2005)利用总资产基尼系数和泰尔系数,分别进行各项财产份额及其集中率乘积之和的分解和组内、组间差距的分解,从两个角度测算居民财产分布的不平等情况。

除了基尼系数等测算方法外,学者们也采用其他方法进行财富不平等的测算。如 Piketty 等(2019)利用 Blanchet 等(2017)提出的广义帕累托插值技术分别估计中国农村、城镇和全国的完整收入分配情况。陈彦斌和邱哲圣(2011)等建立了一个将生命周期特征与内生性住房需求结合的比利模型(Bewley Model),研究房价对家庭财产不平等的影响。胡蓉(2012)则采取了多层线性模型的分析方法来研究住房资源的分配机制。

总体来看,国内外学者对于财富不平等或财富分配等指标的测算多是建立在微观调查数据的基础上,进而分析居民个人和家庭所持有的财富数量和分布,但这种建立在微观数据上的测算方法难免会存在偏差。一方面,富人可能通过各种方式逃避税收,使得遗产税或财产税申报信息难以反映其实际的财富水平;另一方面,我国的财富计算多利用收入纳税申报表中的资产数据,然而家庭的投资收益率会受到家庭财富持有结构的影响,因此计算结果出现较大程度的偏差。如果基于调查中由居民自行提供的财富信息来计算,则会出现由于抽样误差、信息搜集误差或者居民出于隐私考虑而虚报所造成的财富计算偏差(Piketty et al.,2019;黄平、李奇泽,2020)。

三、住房与家庭财富不平等相关文献

住房是影响家庭财富不平等的重要因素。英国住房和房屋管理局(UHS)的数据显示,该国城市中家庭拥有住房的比例从 20 世纪 90 年代初的 20% 左右上升到 2009 年的 90% 左右;相比之下,美国人口普查局的数据显示,2010年美国的住房自有率为65.1%。在我国居民家庭财富中,房产是一种重要的家庭财富形式,其在家庭财富中所占的比重最大。随着房地产市场的繁荣发展,持有不同房产的家庭之间财富的差距急剧扩大。2017年,我国房产净值对家庭财富差距的贡献率就高达72.9%(Cao et al.,2018)。研究发现,各国的住房自有率与财富不平等之间有强烈的负相关关系(Kaas et al.,2019;Piketty et al.,2019;Zhang et al.,2021)。

在过去30年中,我国城市的住房市场发生了实质性变化,由福利住房分配体系转变为市场为主的住房分配体系(Painter et al.,2021)。在房价快速上涨的背景下,住房价值飙升,且与之相关的财产性收入差距也被放大。房价的高速增长,导致富裕家庭将房产作为投资的重要方向,部分年轻家庭不得不提高储蓄率以追赶房价,而贫困家庭无法获得足够的住房,多重因素共同作用下,导致城镇住房的不平等程度加深,进而导致家庭财富不平等程度的加深(陈彦斌、邱哲圣,2011)。住房作为家庭财产,可以代际传递和累积。Porter和Park(2014)研究了住房改革与中国住房的代际转移,认为我国的住房改革把房产分给居民个人,随着房产价格的增长,显著地影响了城市居民的财富持有量,加剧了家庭财富不平等程度。城镇居民之间的住房资产份额的差距非常显著,而这一差距的根本原因在于初始的福利分房制度(李实等,2000)。实施城镇住房制度市场化改革后,并没有针对性地矫正传统分房制度的不均等,因此,城镇住房制度改革使得低收入家庭原来的住房补贴大幅度下降,高收入家庭私人房产净值不断上升,他们通过转让、出租等形式获得财产性收入并转化为家庭财富,将原有住房分配制度的隐性不平等显性化,进一步加深了住房的不平等程度(宁光杰,2009;赵人伟,2007;Walder and He,2014)。

第三节　住房对居民家庭财富不平等的影响

一、典型事实描述

本章综合利用前文提及的两类大型微观调查数据库——北京大学的中

国家庭追踪调查数据库和北京师范大学的中国居民收入调查数据库,变量的描述性统计如表 4-1 所示。

表 4-1　变量的描述性统计

变　　量	观测值	均值	标准差	最小值	最大值
财富基尼系数	212	0.52	0.1	0.23	0.77
住房自有率	212	0.73	0.24	0	1
房价	125	7 322.94	5 084.27	3 042	34 143
收入基尼系数	212	0.41	0.13	0.17	0.68
自我雇佣率	212	0.15	0.12	0	0.69
就业率	212	0.18	0.18	0	0.93
教育年限	212	8.68	1.74	4.46	11.5
人均收入	212	28 983.68	70 784.12	2630	664 466
GDP 增长率	212	0.101	0.029	−0.025	0.174
总人口	212	5 604.14	2 666.80	1 251	11 346
保障房面积占比	73	0.12	0.12	0.002	0.513

接下来,本章依次计算了 1995—2018 年的住房自有率、财富基尼系数、收入基尼系数,以直观展示中国居民家庭住房与财富不平等之间的关联性。

从图 4-1 中我们可以看到一个有趣的现象,在 2008 年之前收入不平等迅速加剧的时期,财富不平等程度有所下降;财富不平等程度在 1995 年至 2008 年间有所下降,然后在 2008 年之后有所增加。换句话说,在收入不平等加剧的阶段并未导致财富不平等呈现出类似的趋势。与此同时,住房自有率在此期间也在迅速增长。家庭住房自有率的显著增加是由于 20 世纪 90 年代以来城镇住房私有化改革的实施。这一改革旨在建立市场供给与政府供给并存的多层次、多元化的城市住房供给体系。在城市房改实施过程中,家庭以极低的价格取得了住房所有权,获得了曾经属于公营企事业单位的住房。随着自有住房的增加,中国城市的私人财富在这一阶段大幅增加。同时,财富不平等和住房所有权不平等的变化在三个不同的时段表现出不同的特征。1998 年以前,随着房改大大增加了家庭的住房拥有量,居民家庭之间的贫富差距有所缩小。1998 年房改实施以后,住房准入更多地依靠市场力量。而在 1999 年到 2008 年这十年间的家庭房价收入比还不是太高,很多普通家庭还能买得起房。而财富不平等状况在 2008 年出现明显的转折点,大致可以判断是因为 2008 年前后家庭的房价收入比发生了明显变化。

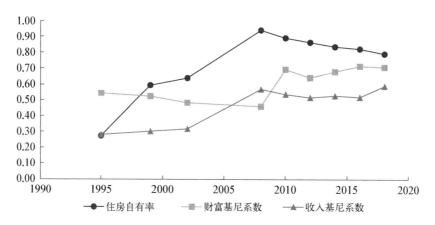

图 4 - 1　1995—2018 年中国城市的住房自有率、财富基尼系数和收入基尼系数

总体来看,1995—1998 年,居民家庭之间的财富不平等的缓和是由于不考虑收入限制的住房购买和住房制度改革所致。1999—2008 年,这一阶段居民仍然相对可以负担得起房价,住房自有率持续增加,广大民众的住房财富不断积累。而 2008 年之后,房价收入比的快速提高,增加了农村前往城市的移民的购房负担。因此,这一阶段住房所有权的增长率开始降低,财富不平等程度迅速加剧。

接下来,我们采用 2010—2018 年 CFPS 数据比较了中国居民家庭中有房家庭和无房家庭的总净财富,以及有房家庭的净住房财富与净非住房财富的增长趋势(见图 4 - 2)。从图 4 - 2 可以发现,有房家庭的净总财富和净住房财富增长相对较快,而有房家庭的净非住房财富和无房家庭的总财富增长相对较慢,这一显著差距大致可以揭示出住房所有权收益导致的居民家庭之间的财富不均等。同时,无房家庭的净非住房财富水平要低于有房家庭,这也表明了家庭财富具有"马太效应"。相比净财富较低的家庭,富裕的家庭通常更有可能买得起具有升值潜力的住房。

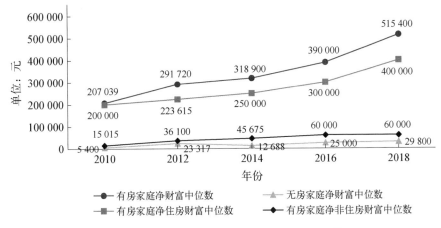

图 4 - 2　有房与无房家庭的家庭财富变化趋势

二、基准回归结果

为了进一步检验住房对于居民家庭财富差距的影响,这里引入了一个面板数据回归模型。采用的数据主要为 1995 年至今的 CHNS 数据、2010—2018 年的 CFPS 数据和历年的《中国统计年鉴》。其中,因变量为根据 CHNS 和 CFPS 数据计算的各省(区、市)家庭财富基尼系数,关键自变量为家庭住房产权、该省(区、市)家庭收入的基尼系数和平均房价。同时,为了控制省区市差异可能引起的内生性问题,采用了双固定效应估计,标准误聚类在省(区、市)级。

表 4 - 2 的固定效应回归结果表明,家庭住房自有率与财富基尼系数显著负相关,且这种负向影响在不同时段都很显著,包括房改期间(1995—1999 年)[模型(1)]、房改后期(1999—2008 年)[模型(2)]和全部时期[模型(3)]。这表明房改导致的住房所有权扩张是影响地区财富分配的重要因素。从模型(3)可以得出,随着时间的推移,某一省(区、市)的住房自有率每增加 1%,其财富基尼系数就会降低 0.17%。房改后期,住房自有率系数为负,可以解释为住房资产对于中国家庭的财富分配状况的影响依旧重要。这一阶段财富分配呈现出的集中趋势可能是由于住房自有率下降导致较低收入和中等收入家庭的财富减少,而高收入家庭由于获取了更高的房产增值使得家庭财富进一步增加。此外,从收入不平等状况对于财富分配的影

响来看,其积极影响在房改期间最强,系数为 1.55,且在 5% 的水平上显著。而在房改后期和长期来看,则影响较小,这表明财富不平等主要是由住房资产而非其他资产的分配不均所引起的。

表 4-2 基准回归结果 (因变量: 各省区市家庭财富基尼系数)

变　量	时　间　段					
	(1) 1995—1999	(2) 1999—2008	(3) 1995—2018	(4) 2010—2018	(5) 2010—2018	(6) 1999—2010
住房自有率	−0.162**	−0.238**	−0.166**	−0.239*	0.549	−0.282***
	(0.062)	(0.106)	(0.074)	(0.138)	(0.444)	(0.064)
收入基尼系数	1.552**	−0.068	0.014	0.035	0.051	0.391**
	(0.545)	(0.255)	(0.062)	(0.086)	(0.096)	(0.146)
自我雇佣率	0.722	0.197	0.218*	0.161	0.147	0.061
	(0.555)	(0.144)	(0.110)	(0.201)	(0.210)	(0.153)
就业率	−0.270**	−0.222	−0.161*	−0.059	−0.044	−0.057
	(0.087)	(0.138)	(0.087)	(0.149)	(0.150)	(0.111)
教育年限	0.022*	0.003	0.007**	0.006	0.006	−0.028**
	(0.012)	(0.019)	(0.003)	(0.008)	(0.007)	(0.01)
人均年收入(log)	−0.025	0.000	0.013	0.018	0.009	0.033
	(0.016)	(0.038)	(0.014)	(0.02)	(0.019)	(0.026)
GDP 增长率	0.590	−1.639**	0.215	0.451	0.443	−1.041
	(0.566)	(0.756)	(0.260)	(0.330)	(0.325)	(0.693)
总人口(log)	−0.051**	−0.016	0.155	−0.176	−0.245	−0.026
	(0.019)	(0.015)	(0.189)	(0.249)	(0.254)	(0.017)
房价(log)				0.023	0.098***	
				(0.014)	(0.033)	
住房自有率 * 房价					−0.098**	
					(0.044)	
保障房面积占比						−0.283**
						(0.120)
地区固定效应	no	no	yes	yes	yes	no

变　量	时　间　段					
	(1) 1995—1999	(2) 1999—2008	(3) 1995—2018	(4) 2010—2018	(5) 2010—2018	(6) 1999—2010
年份固定效应	yes	yes	no	yes	yes	no
观测值	50	50	212	125	125	73
R^2	0.407	0.414	0.219	0.241	0.258	0.566
Adj. R^2	0.274	0.264	0.188	0.152	0.164	0.504

注：括号内为稳健性标准误，$^*p<0.1$，$^{**}p<0.05$，$^{***}p<0.01$。

为检验住房自有率的资产效应，本书采用基于 2010 年的可比房价来代表房价水平，数据来源为 2010—2018 年的 CFPS 数据库。从模型(4)和模型(5)的结果对比可以看出，在引入住房自有率与房价的交互项之前，房价对财富不平等的影响并不显著。同时，模型(5)的结果表明，房价水平对住房自有率的负向影响具有增强效应，房价每上涨 1%，住房自有率的绝对负系数就会提高 0.10。这意味着，随着房价的上涨，自有住房的增值力量会提高，进一步拉大有房家庭和无房家庭之间的财富差距。但这一问题会随着住房自有率的提升得到缓解，即住房自有率越高，群体之间的贫富差距更小。

此外，表 4－2 还显示出，当地的社会经济因素并未对财富分配产生重大影响。而从理论上讲，中低收入家庭可能因为获得了住房保障而部分抵消房价对财富不平等的影响。模型(6)的结果证实了这一假设，表明更高比例的保障性住房供应将显著缓解该地区的财富不平等状况。这些发现为政策制定者提供了经验支持，即保障性住房政策不仅是一项住房政策，而且具有重要的再分配意义。

三、机制分析和稳健性检验

(一) 可能的机制分析

为了研究住房自有率影响财富不平等的可能机制，我们进一步采用了固定效应模型进行检验。表 4－3 展示了同时控制地区和年份固定效应的回归结果,可以看出,住房自有率始终对财富不平等有着负面影响。而这些影响主要是通过与房价的交互效应来发挥作用的。也就是说,在引入房价和与住房自有率的交互作用后,当交互项在统计上显著时,住房自有率不再显著(表4-3第2列和第5列)。此外,在回归模型中加入住房自有率平方项及其与房价的交互项后,结果与 Kaas 等人(2019)的发现一致,即住房自有率与财富不平等可能具有倒"U"形关系,这一发现值得进一步研究。

表4-3　机制检验(因变量:各省区市家庭财富基尼系数)

变　量	(1)	(2)	(3)	(4)	(5)	(6)
住房自有率	−0.250*	0.587	−1.305***	−0.338***	0.649	5.913*
	(0.124)	(0.468)	(0.306)	(0.083 4)	(0.414)	(3.497)
住房自有率的平方			0.672***			−3.539
			(0.219)			(2.179)
房价		0.094 5**	0.016 9		0.084 5**	0.294**
		(0.040 7)	(0.014 8)		(0.035 5)	(0.137)
房价 * 住房自有率		−0.100*			−0.115***	−0.694**
		(0.050 3)			(0.043 7)	(0.332)
房价 * 住房自有率的平方						0.397*
						(0.226)
收入基尼系数				0.247***	0.225**	0.228***
				(0.092 6)	(0.088 6)	(0.087 3)
控制变量	no	no	no	yes	yes	yes
地区固定效应	yes	yes	yes	no	no	no
年份固定效应	yes	yes	yes	yes	yes	yes
观测值	125	125	125	125	125	125
省区市数量	25	25	25	25	25	25
R^2	0.184	0.215	0.223	0.294	0.323	0.333

注:括号内为稳健性标准误,*$p<0.1$,**$p<0.05$,***$p<0.01$。

(二)稳健性检验

为了检查结果的稳健性,在表4-4中,将家庭分为两组,即高住房自有率组和低住房自有率组,可以发现,房价增长会显著增加低住房自有率群体的财富不平等程度,但不会显著增加高住房自有率群体的财富不平等程度。此外,更高的住房自有率缓解了房价对于财富不平等加剧的影响,且对低住房自有率群体的影响也是如此。

表4-4　稳健性检验(因变量:各省区市家庭财富基尼系数)

变　量	(1)	(2)	(3)	(4)	(5)	(6)
	低住房自有率			高住房自有率		
住房自有率	−0.374***	1.229**	4.924**	−0.455	−1.882	−8.308
	(0.126)	(0.544)	(2.357)	(0.315)	(2.942)	(12.87)
住房自有率的平方			−1.452*			3.641
			(0.867)			(7.096)
房价		0.130***	0.277***		−0.166	−0.146
		(0.045 6)	(0.097 6)		(0.370)	(0.397)
房价*住房自有率		−0.174***	−0.359***		0.189	0.165
		(0.054 0)	(0.129)		(0.408)	(0.440)
收入基尼系数	0.182**	0.209**	0.227**	0.438***	0.455**	0.463**
	(0.091 0)	(0.083 9)	(0.091 9)	(0.147)	(0.178)	(0.184)
控制变量	yes	yes	yes	yes	yes	yes
地区固定效应	no	no	no	no	no	no
年份固定效应	yes	yes	yes	yes	yes	yes
观测值	62	62	62	63	63	63
省区市数量	21	21	21	22	22	22
R^2	0.410	0.476	0.484	0.264	0.265	0.267

注:括号内为稳健性标准误,*$p<0.1$,**$p<0.05$,***$p<0.01$。

第四节　本章小结

一、研究结论

通过观察中国城市私人财富总量的演变趋势,发现财富不平等水平呈"U"形,而收入不平等曲线的走势刚好相反。出现这种趋势逆转的原因在于,住房自有率的提高伴随着家庭财富的大幅增长,中低收入家庭的财富增长和中产阶层住房自有率扩张的均等力量削弱了收入不平等的集中力量。进一步分析表明,住房自有率的上升,最初是由中低收入群体推动的,而后则是由中产收入家庭所推动的;住房资产占家庭总财富的比重随着房改期间住房拥有量的提高而上升。

采用省(区、市)级面板数据的固定效应模型,回归分析结果表明,住房自有率对中国居民的财富不平等程度产生了显著的负向影响。受中低收入家庭购房和中产阶层换房需求的推动,住房自有率的上升成为房改期间调节社会财富分配的重要力量,且这一力量是外生的并受再分配逻辑所支配。房改后期,住房自有率下降导致了财富分配集中化,是由于业主与非业主之间的贫富差距在拉大,而这是一种内生的市场驱动力。由于住房自有率主要受家庭住房支付能力所决定,房改实施后中低收入家庭的财富状况不仅受到较低住房自有率的削弱,同时还受到房价上涨对于持有住房的中高收入家庭的财富增强效应的影响。

二、政策启示

本章的研究结论具有重要的政策意义。当政府的住房分配制度与收入的关联性不大时,应当分阶段来评估住房分配产生的效果,比如,在住房市场化改革初期,中低收入群体可以从这一分配过程中受益时,拥有住房所有权将减少财富不平等程度;而住房市场化改革完成后,一般的中低收入群体住房购买力较弱,随着房价上涨,财富不平等将进一步加剧。在经济增长率保持较高水平的前提下,房价往往会快速上涨,较高的住房自有率将有助于缓解以住房财富为主的城镇居民家庭之间的财富分配不均。因此,住房自有率应受到更多关注,并可作为转型国家财富分配的一个重要政策工具。

第五章

房价与地区经济增长收敛性

第一节 引 言

一、本章研究问题

　　自 20 世纪 70 年代末实行改革开放以来,中国经济高速增长,但如新古典经济增长理论中所预期的落后地区经济水平向发达地区不断靠近的现象并未在中国出现。自 20 世纪 90 年代以来,中国地区经济增长呈现出分化之势。显然,地区间经济增长不收敛,发展差距过大,不利于我国整体经济的持续发展和社会秩序的稳定,影响到效率与公平兼顾以及最终实现共同富裕的改革和发展目标。为此,国内学者纷纷就中国区域经济增长收敛问题展开研究,并尝试从多个角度对区域经济增长的收敛性做出解释,比如地区禀赋、发展战略、物质资本、人力资本及公共投资差异,等等。但以上研究大都忽略了一个重要的事实——20 世纪 90 年代中国逐步推进实施的城镇住房制度改革。统计数据显示,自 20 世纪 90 年代末中国实施城镇住房改革以来,国内房价呈现整体性上涨趋势,甚至要领先于人均 GDP 的增速。采用各城市人均 GDP 和房价的变异系数(标准差)来衡量地区房价和经济增长的绝对收敛(σ 收敛)状况,发现以大中城市为样本的我国地区经济发展和房价水平总体上都不存在绝对收敛趋势,且不同城市之间房价的发散程度要大于经济的发散程度(见图 5-1)。

　　那么,房价与经济增长收敛之间有什么样的关系,特别是城市之间严重分化的住房价格是否会拉大区域经济差距,并影响到经济发展最终回归到

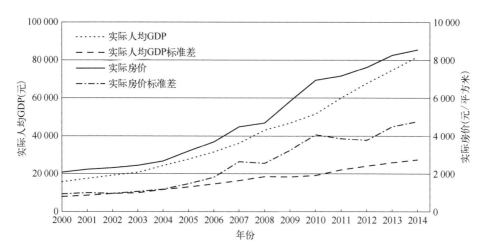

图 5-1   中国 35 个大中城市的实际人均 GDP 和实际房价(2000—2014 年)

稳态增长路径? 其作用机制又是什么? 以上是本章试图回答的问题。在当前经济进入新常态的背景下,厘清房价与区域经济增长收敛性的内在关系,有助于提升区域资源要素的配置效率、优化区域经济结构,从而促进地方经济的稳定健康发展。

二、本章内容安排

　　相比以往文献,本章创新性地研究了地区房价水平差异可能对经济增长收敛性产生的影响及理论机制。从理论机制上看,高房价可以通过影响该地区的劳动力迁移和企业选址决策,从而影响到地区经济增长的收敛。实证研究也发现,房价上涨显著抑制了以我国 35 个大中城市和长三角地区 42 个地级市为样本的经济增长收敛趋势。从影响机制上来看,对于劳动力来说,某种程度上本地区的高房价会阻碍低技能劳动力流入并致使该区域内原有的低技能劳动者流出,而高技能劳动者则可以留下来,这导致区域间劳动生产率进一步拉大,从而影响经济收敛;高房价抑制了流动人口在迁入地的购房意愿。对于不同生产率的企业来说,房价上涨会增加企业以工资和用地成本为主的运营成本,使得低生产率企业倾向于在低房价地区经营,从而影响地区经济收敛。进一步地,本章的政策意义在于,提出扩大部分高房价城市房屋的有效供给、促进不同城市公共服务均等化等措施,防止房价分化拉大区域经济差距,从而有助于实现社会经济的均衡健康发展。

本章的内容结构安排如下:首先是文献综述与理论机制分析,其次介绍计量模型的设定、相关变量的选取和数据来源,然后是计量结果分析以及稳健性检验,最后则是本章的结论和启示。

第二节　房价影响经济收敛的文献综述与机制分析

一、经济收敛相关文献

自 20 世纪 60 年代中期新古典经济增长理论逐渐盛行以来,相关文献就开始着重关注国家或地区经济之间的差距及其变化趋势。新古典增长模型主要从技术进步的视角阐释了各国(地区)经济增长存在差距的原因,认为由于资本的边际产出递减,经济发展最终将逐渐处于稳定状态,即长期内经济增长会趋于收敛。但是,大量的经验研究显示,除一些经济相对发达的国家或地区内部(比如美国各州、日本各县以及欧盟国家之间)存在着显著的绝对收敛外,在全球范围内或低收入国家之间绝对收敛并不存在,在控制了影响稳定状态的解释变量之后,表现出一定的条件收敛特征。就中国而言,20 世纪 90 年代以来,中国地区经济差距问题引起了广泛的关注,大致形成如下基本共识:第一,改革开放以来,地区间的经济增长不存在绝对收敛,但存在条件收敛;第二,如果将样本按 1990 年前后分成两个时段,发现在省区市层面上,前期中国经济表现出条件收敛,甚至绝对收敛的特点,而后期却表现出收敛的明显弱化甚至发散的趋势。

在众多影响地区经济收敛的因素中,劳动力流动无疑是极为重要的一个。相关研究者多认为,有效的劳动力流动有助于缩小地区经济差距,从而促进地区经济趋于收敛。Myrdal(1957)较早提出劳动力的流动会引起经济收敛的理论假说,但受制度、文化等因素限制引起区域间劳动力的选择性流动则有可能拉大经济差距。实证研究则发现,对于不同的时间段和地区来说,劳动力流动对地区经济收敛的影响又存在显著差异,如 Barro(1991)以及 Barro 和 Sala-i-Martin(1992)对跨国数据的经验研究并未发现劳动力流动对经济增长产生收敛性结果。而对 1800—1990 年间美国的州际数据研究后却发现,人口流动对经济增长产生了绝对收敛的特征。Taylor 和 Williamson(1997)通过对 1870—1910 年发生大量移民的 17 个国家进行分析后发现,大规模的移民对该国的人均 GDP 贡献达到 50%,这在一定程度上证实了人口流动对地区收敛有决定性的作用。近年来,DiCecio 和 Gascon (2010)采用非参数分布动态技术对 1969—2005 年美国州际数据研究后发现,都市区和非都市区之间存在显著的俱乐部收敛特征,劳动力流动是主要因素之一。Rattsø 和 Stokke(2014)通过对挪威区域劳动力市场进行研究后发现,挪威区域经济收敛现象开始停滞,其原因在于区域间高技能劳动力缺乏流动,使得劳动生产率提高的动力减缓。国内学者则一般认为人口流动确实会对地区收敛产生影响,且劳动力的流动对于缩小区域差距至关重要。姚枝仲和周素芳(2003)进一步指出,1985—1990 年间劳动力流动对我国地区经济差距缩小的贡献率大约为 12%。同样,中国劳动力流动对经济收敛的影响也存在时段差异和空间差异。

二、房价如何影响地区经济收敛

房价可以通过影响地区间劳动力流动而对经济收敛产生影响。较早论述房价对劳动力流动影响的是 Helpman(1998),他将住房市场因素引入新经济地理(new economic geography,NEG)标准模型中,通过理论分析得出高房价会影响劳动力的相对效用,进而阻碍劳动力在该地区集聚的结论。随后 Hanson 等(1999)通过实证分析进一步验证了该观点。实际上,放眼全球,地区房价的快速上涨都可能抑制劳动力向该地区的持续流入,并可能对当地经济增长产生负面影响。但 Meen 和 Nygaard(2010)却认为高房价地区仍会吸引劳动力不断流入,因为该地区房价存在可预期的升值空间。考虑到劳动力的异质性,房价对拥有不同技能的劳动力的影响是不同的,表现为房价对劳动力的空间选择机制(spatial sorting),该机制可能使得高房价挤出低端劳动者,但高端劳动者则不受影响。因此,低房价城市可能因劳动力的净流入而出现经济规模扩张,但从人均意义上看不一定如此,而高房价城市的人均生产率和产出则可能提高,对总体经济规模的影响结果则是未知的。而随着大量的劳动力流入,又可能进一步推动该地区的房价上涨。由此,房价与劳动力流动之间存在着十分复杂的互动关系。国内学者安虎森等(2011)指出户籍制度和城市的高房价在很大程度上限制了劳动力跨区域的自由流动,并由此导致中国出现劳动力流动与收入差距扩大的悖论。高波等(2012)通过理论建模和实证分析均得出,地区间的房价差异会促使劳动力跨地区流动,进而引起产业在地区间的梯度转移。张传勇(2016)发现房价通过影响劳动力迁移意愿而抑制长三角经济的收敛趋势。

　　以上讨论主要是从劳动力的角度出发的,与此同时,对于企业来说,高房价提高了劳动力的生活成本,会增加以劳动力工资为主的企业成本支出,使得企业倾向于停留在低房价地区,从而削弱企业向高房价地区扩张的动机;同时,高房价一般对应着高地价、高房租,因此高房价也提高了企业在这方面的成本支出,并影响企业的选址决策。从全球范围来看,据美国城市土地学会2007年的调查发现,近2/3拥有100名以上员工的公司负责人承认,高房价对于他们留住居住地距离公司较远的员工产生了明显的负面影响。为了解决这一问题,企业纷纷采取相应的措施,如为员工提供宿舍,建造补贴性住房,提供班车等交通福利计划以及允许远程办公等,但从员工的实际反应来看,相比这些补贴政策,他们更愿意接受工资上涨的做法。从我国的现实情况来看,近几年富士康等众多企业纷纷把在深圳等沿海城市的工厂大举迁往内地的新闻引起社会各界的关注,其中工资和房价的上涨是引起这些企业从东部沿海城市向内陆城市迁移的主因。房价(地价)可以看作企业的不可流动要素,而由此产生的企业商务成本的变化对区域产业结构的调整起着重要的作用。因此,一方面,相对较高的房价会促使该区域内的企业和劳动力离开该区域,并挤出低附加值的产业,引发产业向低成本城市转移,并因此促进落后城市的经济发展;另一方面,通过倒逼机制,相对较高的房价又会迫使区域内部产业结构的升级。但过高的房价会降低居民和区域企业的总效用,导致该地区劳动力流出以及企业重新选择区位,比如在一些以制造业为主的城市就出现大量产业的迁出甚至造成中心城市产业出现严重空心化现象。

三、研究假说

基于以上文献梳理,本章归纳出房价可能影响地区经济收敛的劳动力就业地选择机制和企业选址决策机制,并提出如下可供检验的研究假设。

假设 1:对于劳动者个人来说,高房价带来的空间选择机制会在一定程度上阻碍低水平劳动力流入高劳动生产率区域,同时使该区域的低技能劳动者流出,导致劳动生产率差异在区域间进一步拉大,影响经济收敛。

假设 2:对于企业来说,由于高房价会增加以地价(房租)和工资为主的企业经营成本,一定程度上阻碍低效率企业进入发达城市并致使发达地区的低效企业流出进而影响经济收敛。

第三节　房价影响经济收敛的实证分析与发现

一、模型、变量与数据

根据上文对于房价影响地区经济增长收敛的理论机制分析,本章选取的计量模型主要参考 Barro 和 Sala-i-Martin(1992)等学者的研究,采用如下模型来检验某一地区的经济增长是否收敛:

$$(1/T)\ln(y_{i,t}/y_{i,t-T}) = \alpha - \ln(y_{i,t-T})(1-e^{-\beta T})/T + Z \quad (5-1)$$

其中,$y_{i,t}$ 指 t 时期(一般以年为单位)地区 i 的人均收入(或人均 GDP),$y_{i,t-T}$ 为间隔期(T)起始年地区 i 的人均 GDP(或人均收入)。由于我国 20 世纪 90 年代末期才开始统计各城市的商品房价格,致使样本的观测时段较短,因此本章仅考察 1 年期的人均 GDP 增长率情况。式(5-1)左边项 $(1/T)\ln(y_{i,t}/y_{i,t-T})$ 代表该地区的人均收入(或人均 GDP)的年均增长率,式(5-1)中的 β 即该地区人均收入(或人均 GDP)的收敛速度。变量 Z 包括人力资本、物质资本、产业结构等可能影响该地区经济增长的因素。此外,为避免变量出现联立性偏误(simultaneity bias)问题,对关键考察变量和控制变量都做了一阶滞后处理。

根据式(5-1),本章建立如下计量模型来分析自 20 世纪 90 年代中国实施城镇住房改革以来不同城市房价水平对经济收敛性的影响:

$$\dot{y}_{it} = m_0 + m_1 \ln y_{i,t-1} + m_2 \ln y_{i,t-1} \times \ln \mathrm{hp}_{i,t-1} + m_3 \mathrm{inv}_{i,t-1} + m_4 \mathrm{edu}_{i,t-1} +$$
$$m_5 \ln \mathrm{hp}_{i,t-1} + \varphi X_{i,t-1} + \mu_i + \upsilon_t + \xi_{i,t} \tag{5-2}$$

式(5-2)中 $\dot{y}_{it}$ 指第 t 年城市 i 实际人均 GDP 的增长率(以 2000 年作为基期,用名义人均 GDP 除以该年份相应的 GDP 平减指数);$y_{i,t-1}$ 为滞后一期的实际人均 GDP;$\mathrm{hp}_{i,t-1}$ 为城市 i 滞后一期的实际商品住宅均价(剔除通货膨胀因素,单位:元/平方米)。$\mathrm{edu}_{i,t-1}$ 和 $\mathrm{inv}_{i,t-1}$ 表示城市 i 滞后一期的人力资本和物质资本存量的代理变量,分别用该城市每万人高校在校人数以及当年全社会固定资产投资占当年 GDP 的份额来表示。$X_{i,t-1}$ 为影响地区经济增长的一系列控制变量,主要包括该城市的就业密度(dens,二、三产业从业人数之和与市辖区面积之比)、产业结构(ind,第三产业增加值与第二产业增加值的比值)、经济开放程度(fdi,实际外商投资占 GDP 比重)和信贷规模(fin,城市存贷款余额之和)。

研究中使用的数据为 2001—2015 年《中国城市统计年鉴》公布的 35 个大中城市相关统计数据,以及 1999—2014 年《中国城市统计年鉴》公布的长三角 42 个地级城市相关统计数据。

二、以全国 35 个大中城市为例的实证分析

根据上文给出的计量模型,本章的实证分析依次从房价对城市经济收敛影响效果、影响机制检验、不同时间段的差异性以及稳健性分析等方面展开,主要采用面板数据模型的双向固定效应估计、工具变量估计等方法,考察 2000 年以来我国城市层面房价对于经济增长收敛的影响效果,并尝试就分析结果给出合理解释。

表 5 - 1　数据的基本描述性统计

变 量 及 描 述	样本量	均值	标准差	最大值	最小值
城市实际人均 GDP 增长率(growth)	490	0.133	0.0811	0.488	−0.036
城市实际人均 GDP (rpgdp)	525	41 220	27 351	158 976	4 649
城市实际人均 GDP 的对数(ln rpgdp)	525	10.40	0.698	11.98	8.444
城市物质资本存量(inv)	525	0.533	0.209	1.174	0.099 6
城市人力资本存量(edu)	525	12.32	0.907	13.83	9.012
城市实际房价(rhp)	525	4807	3647	24229	1077
城市实际房价的对数(ln rhp)	525	8.257	0.643	10.10	6.982
城市的经济开放程度(rfdi)	525	0.039 3	0.031 3	0.215	0.000 302
城市产业结构(ind)	525	1.266	0.549	3.892	0.355
城市的就业密度(dens)	524	0.873	0.474	2.374	0.138
城市的信贷规模(fin)	420	9.137	0.993	11.86	6.719

(一)房价对城市经济收敛影响效果分析

在基准回归中,首先引入城市的物质资本($L.inv$)和城市人力资本存量($L.edu$)等变量来验证地区经济增长条件收敛性的存在性;接着,通过引入城市实际房价($L.ln\ rhp$)和实际房价与初期实际人均 GDP 的交互项($L.ln\ rpgdp * L.ln\ rhp$)来检验房价水平对地区经济增长收敛的影响;最后,又引入了一系列可能影响经济增长收敛的变量作为控制变量,来进一步检验以上结果的稳健性,包括该地区的就业密度($L.dens$)、产业结构($L.ind$)、经济开放程度($L.rfdi$)、信贷规模($L.fin$)等。

估计方法上,对于面板数据模型通常可采用固定效应、随机效应和混合回归三种方法。由于不同城市之间的经济发展程度及其影响因素都存在明显差异,因此本章不适合采用混合估计;而 hausman 检验结果中 p 值为 0,拒绝存在随机效应的原假设,因此本章实证分析中主要采用面板数据模型的固定效应估计方法,结果如表 5 - 2 所示。

表 5 - 2 中模型(1)、(2)、(5)和(6)是不考虑房价因素的结果,$L.ln\ rpgdp$ 的系数显著为负,说明采用面板模型的固定效应估计,以城市为样本的我国地区经济增长虽然不存在绝对收敛趋势,但考虑城市物质资本和人力资本

表 5 - 2　房价影响城市经济收敛的基准回归结果

变　量	模型(1) 固定效应	模型(2) 固定效应	模型(3) 固定效应	模型(4) 固定效应	模型(5) 固定效应	模型(6) 固定效应	模型(7) 固定效应	模型(8) 固定效应
L.ln rpgdp	-0.129^{***} (0.013 4)	-0.194^{***} (0.023 8)	0.0744 (0.083 0)	0.128 (0.087 7)	-0.190^{***} (0.032 1)	-0.294^{***} (0.042 1)	0.0584 (0.123)	0.111 (0.150)
L.inv	0.155^{***} (0.031 0)	0.155^{***} (0.031 2)	0.138^{***} (0.034 1)	0.111^{***} (0.030 0)	0.203^{***} (0.040 8)	0.214^{***} (0.042 0)	0.200^{***} (0.043 1)	0.174^{***} (0.045 5)
L.edu	0.101^{***} (0.010 7)	$0.048\ 6^{*}$ (0.018 3)	$0.071\ 9^{***}$ (0.015 1)	0.017 7 (0.023 2)	0.110^{***} (0.026 4)	0.056 4 (0.034 5)	0.040 7 (0.034 8)	0.019 5 (0.038 1)
L.ln rhp			0.408^{***} (0.123)	0.479^{***} (0.138)			0.565^{***} (0.184)	0.630^{***} (0.228)
L.ln rpgdp * L.ln rhp			$-0.030\ 7^{***}$ (0.010 5)	$-0.044\ 7^{*}$ (0.012 3)			$-0.040\ 3^{**}$ (0.016 3)	$-0.057\ 6^{***}$ (0.020 8)
L.rfdi					$-0.048\ 8$ (0.224)	0.137 (0.234)	$-0.026\ 5$ (0.229)	$-0.029\ 0$ (0.216)
L.ind					$0.027\ 0^{*}$ (0.015 4)	0.018 8 (0.016 1)	0.015 9 (0.016 6)	0.010 2 (0.016 5)
L.dens					$0.060\ 4^{*}$ (0.030 6)	0.011 3 (0.029 3)	$0.063\ 6^{*}$ (0.035 1)	0.038 0 (0.033 0)

续 表

变 量	模型(1)固定效应	模型(2)固定效应	模型(3)固定效应	模型(4)固定效应	模型(5)固定效应	模型(6)固定效应	模型(7)固定效应	模型(8)固定效应
$L.fin$	0.145				0.001 01	−0.000 410	−0.000 390	−0.000 474
	(0.089 6)				(0.001 17)	(0.001 39)	(0.001 42)	(0.001 42)
常数项		1.378***	−2.315**	−1.719*	0.529*	2.274***	−2.317*	−1.725
		(0.293)	(0.849)	(0.858)	(0.303)	(0.501)	(1.185)	(1.375)
城市固定效应	yes	yes	yes	yes	yes	yes	yes	yes
年份固定效应	no	yes	no	yes	no	yes	no	yes
观测值	490	490	490	490	384	384	384	384
R^2	0.225	0.356	0.257	0.386	0.295	0.426	0.332	0.457

注：①括号中为标准误差。
②***、**和*分别表示1%、5%和10%的显著性水平。
③由于篇幅的限制，没有列出个体和时间虚拟变量的估计结果。

存量等因素后,当经济增长存在明显的条件收敛趋势。具体而言,初期经济水平提高 1 个单位,不考虑时间效应时,经济增长收敛速度为 0.129%;而当考虑时间效应时,经济增长收敛速度为 0.194%,这说明条件收敛保证了落后地区与先进地区的差距不会越来越大。而模型(5)和(6)的结果则显示,引入该地区的经济开放程度、产业结构、就业密度和信贷规模等一系列控制变量后,在控制时间因素和不控制时间因素时,经济收敛速度分别为 0.19% 和 0.294%,并没有发生实质性改变,说明研究结论是较为稳健的。

模型(3)、(4)、(7)和(8)是考虑房价因素后的结果,通过引入基期房价以及房价与地区 GDP 的交互项来识别房价对于经济收敛的影响,发现无论是否控制时间因素,房价与地区 GDP 的交互项系数均为负,而基期 GDP 的系数由负变正,这表明房价通过与 GDP 的交互效应显著地影响了经济收敛。综合来看,受房价因素的影响,以大中城市为样本的地区经济收敛趋势依赖于与房价的共同作用,经济增长本身不再收敛,甚至呈现出发散的趋势。

(二)房价影响城市经济收敛的机制分析

根据上文的理论推论,主要从两个方面来检验房价影响地区经济增长收敛性的机制:一是考察房价对于地区劳动力流动程度的影响;二是考察房价对于地区企业经营成本的影响。

1. 房价对于地区劳动力流动程度的影响

一般来说,对于城市劳动力流动的衡量以人口普查数据较为准确,但该数据获取的间隔周期较长(每五年公布一次),而其他统计资料中又无法获得城市之间的劳动力流入和流出数据,因此,本章参考洪兴建(2010)对于城市劳动力流动性的近似测算方法,采用城市的相对劳动力份额($share_{i,t}$)来代替城市劳动力流动,其数值等于当年该城市劳动力数量与当年除本城市以外其他所有城市劳动力数量均值的比值。

虽然本章旨在考虑房价差异对于劳动力流动的影响,但如前文文献梳理可知,城市的劳动力流入会增加住房需求并推高该城市的房价,即劳动力流动与房价之间存在较为明显的内生关系。同时,表 5-3 中模型(7)和(8)

的结果说明,虽然城市的房价水平对劳动力流动有抑制作用,但控制时间因素(年份固定效应)后的结果不再稳健。为此,参考陆铭等(2015)的研究,选取该年度城市的土地供应量作为房价水平的工具变量进行 IV 估计,结果证实房价上涨明显抑制了该城市劳动力的流动程度,房价每上涨 1‰,城市相对劳动力份额下降约 0.03 个百分点。在控制城市的实际工资水平($L.\ln rwage$)、公共服务水平($L.pub$)、物质资本存量($L.inv$)、经济开放程度($L.rfdi$)、产业结构($L.ind$)以及就业密度($L.dens$)后,房价上涨对该城市劳动力流动的影响效果依然显著且变化不大。

表 5-3   房价对城市劳动力流动的影响(因变量为相对劳动力份额)

变 量	模型(7) 固定效应	模型(8) 固定效应	模型(9) IV 估计	模型(10) IV 估计	模型(11) IV 估计	模型(12) IV 估计
$L.\ln rhp$	−0.014 5*	0.000 357	−0.034 1***	−0.031 1***	−0.034 0*	−0.026 4*
	(0.008 25)	(0.024 3)	(0.008 88)	(0.007 65)	(0.019 1)	(0.015 0)
$L.\ln rwage$					0.014 1	0.040 9*
					(0.024 0)	(0.024 2)
$L.pub$					−0.004 70	0.009 37
					(0.016 3)	(0.013 2)
$L.inv$					0.050 3**	0.095 9***
					(0.025 6)	(0.029 9)
$L.rfdi$					0.258*	0.071 4
					(0.140)	(0.158)
$L.ind$					−0.006 02	−0.005 44
					(0.008 72)	(0.007 11)
$L.dens$					−0.036 8***	−0.016 8
					(0.013 4)	(0.012 4)
常数项	0.279***	0.095 3	0.450***	0.375***	0.323***	−0.193
	(0.067 7)	(0.183)	(0.075 2)	(0.068 6)	(0.117)	(0.188)
城市固定效应	yes	yes	yes	yes	yes	yes
年份固定效应	no	yes	no	yes	no	yes

变　量	模型(7) 固定效应	模型(8) 固定效应	模型(9) IV 估计	模型(10) IV 估计	模型(11) IV 估计	模型(12) IV 估计
观测值	490	490	459	459	457	457
R^2	0.062	0.509	0.130	0.480	0.149	0.519

注：① 括号内为标准误。

　　② $***$、$**$ 和 $*$ 分别表示 1%、5% 和 10% 的显著性水平。

　　③ 由于篇幅的限制，没有具体列出个体和时间虚拟变量的估计结果。

2. 房价对地区企业经营成本的影响

企业的经营成本可以从企业用地成本和工资支出两个方面来考量。数据显示，城市的实际商服用地价格和实际职工平均工资与实际房价水平之间均呈显著的正相关关系（见图 5-2），且房价对工资的拟合效果更好（$R^2=0.89$）。同时，考虑到现实当中房价与地价之间的内生性过于严重，选取城市实际工资水平作为衡量企业成本的变量。

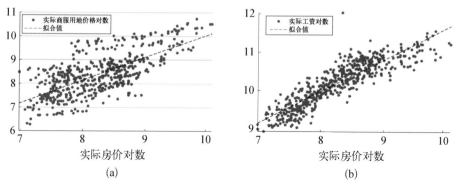

图 5-2　城市商服用地价格、实际工资与房价散点图(2000—2014 年)

从表 5-4 中模型(13)和(14)的结果可以看出，城市房价对工资水平的影响效果受时间因素影响较大，且结果很不稳健。因此，这里同样引入城市土地供应量作为房价水平的工具变量，采用 IV 估计来检验房价对企业工资成本的影响。研究发现，无论是否控制时间因素，房价对工资水平的影响效果差异并不大，约为 0.44 个百分点［模型(15)和(16)］，而引入城市经济发展水平（实际人均 GDP 的对数，$L.\ln$ rpgdp）、城市规模（总人口对数，$L.\ln$

people)、人力资本存量(在校大学生规模,$L.edu$)、经济开放程度($L.rfdi$)、产业结构($L.ind$)以及就业密度($L.dcns$)等一系列控制变量后[模型(17)和(18)],虽然房价对工资水平的影响效果略有降低,但依然非常显著,因此 IV 估计的结果更加稳健可信。

表 5-4　房价对地区企业经营成本的影响(因变量为职工平均工资的对数)

变　量	模型(13)固定效应	模型(14)固定效应	模型(15)IV 估计	模型(16)IV 估计	模型(17)IV 估计	模型(18)IV 估计
$L.\ln rhp$	0.983***	−0.147**	0.429***	0.443***	0.286***	0.249***
	(0.045 4)	(0.068 6)	(0.048 9)	(0.053 6)	(0.082 1)	(0.050 8)
$L.\ln rpgdp$					0.428***	0.290***
					(0.080 5)	(0.049 3)
$L.\ln people$					−0.013 8	0.071 3**
					(0.070 7)	(0.031 7)
$L.edu$					0.026 3	−0.053 4
					(0.058 4)	(0.034 1)
$L.rfdi$					−2.556***	−0.227
					(0.572)	(0.455)
$L.ind$					0.121***	0.085 8***
					(0.032 1)	(0.022 9)
$L.dens$					0.081 0	−0.070 6
					(0.068 8)	(0.054 3)
Constant	2.187***	10.58***	6.806***	7.067***	3.159***	5.779***
	(0.373)	(0.526)	(0.406)	(0.472)	(0.515)	(0.501)
城市固定效应	yes	yes	yes	yes	yes	yes
年份固定效应	no	yes	no	yes	no	yes
观测值	525	525	463	463	462	462
R^2	0.890	0.971	0.654	0.918	0.885	0.946

注:① 括号内为标准误。
　　② ***、** 和 * 分别表示 1%、5% 和 10% 的显著性水平。
　　③ 由于篇幅的限制,没有具体列出个体和时间虚拟变量的估计结果。

(三) 房价影响城市经济收敛的时间段差异分析

正如上文所提到的,房价对以大中城市为样本的中国地区经济收敛性影响存在明显的时间段差异。事实上,中国从 2000 年到 2014 年的经济增长也具有阶段性差异,前半段(2000—2007 年)基本是呈现加速特征,受从亚洲金融危机中恢复、加入 WTO 等国际因素及土地招拍挂制度实施等因素的影响,经济增长在这一时期呈现加速态势,其中房地产对于经济增长具有显著的影响,与经济增长同步的是房价在这一时期也出现快速增长;后半段(2009—2014 年)全球金融危机后爆发后中国经济增长逐步呈减速特征,特别是从 2011 年之后 4 万亿刺激政策的效果逐渐消失①,中国经济步入"新常态",经济增速整体逐步下滑,但这一时期房价仍然保持增长态势。因此,有理由怀疑房地产对不同城市经济增长的影响可能存在明显的阶段异质性,需要进一步探讨房价影响中国经济收敛性的时间段差异。这里主要采用面板数据模型的双向固定效应,分别对 2000—2008 年和 2009—2014 年两个时间段我国不同地区的情况进行检验。

结果表明,在不考虑房价因素时,2008 年全球金融危机之前与危机之后中国的城市经济增长都呈收敛趋势,且危机之后的收敛速度比危机之前大约高 0.1 个百分点,这与 2008 年后我国经济增长的特征是一致的。从对经济的影响因素来看,2008 年之前主要是物质资本存量因素驱动,而 2008 年之后,人力资本存量、产业结构调整等因素的作用明显增强,物质资本的作用则明显减弱,这在一定程度上表明我国经济增长的主要驱动力正从物质资本积累向人力资本提升和技术进步转变。而考虑房价因素的估计结果显示,2008 年前后房价对于经济收敛的影响效果存在显著差异。受房价因素的影响,2008 年前地区经济增长收敛主要取决于与房价的共同作用效果,房价不仅显著地促进了城市的经济增长,而且影响了地区经济收敛趋势;2008 年以后地区经济依然呈现收敛趋势,房价对于地区经济增长收敛的影响却不再显著(尽管房价对经济增长的直接影响仍然为正)。因此,2008 年以后,无论是城市自身的经济增长趋势,还是房价对不同城市经济

① Ouyang and Peng(2014)的研究发现 2008 年底为应对经济危机提出并实施的刺激政策实际将 GDP 增速提高了 3.2%,但其作用是暂时的,持续时间大约为 2 年。

的影响都出现了明显的阶段性差异。

(四) 房价影响城市经济收敛的稳健性分析

众所周知,过去十多年间不同城市不论是房价水平还是房价的增长趋势都有很大的差异。统计数据显示,部分城市在过去十多年间房价涨幅十分惊人,而有些城市在这一时期内房价的上涨则较为温和,年均涨幅最低的城市(沈阳)和平均涨幅最高的城市(厦门)之间的差距达 10 个百分点(见图 5-3)。这些房价增长趋势较为极端的城市有可能有较强的异质性,并对实证结果有较大的影响。因此,为了克服这种情况可能对研究结果产生的影响,分别剔除了房价涨幅最高和最低的 5 个城市,对上文的实证结论进行了稳健性检验。结果显示,剔除年均房价涨幅最高和最低的 5 个城市之后,回归结果与表 5-2 的结果基本一致,即房价通过与基期 GDP 的交互效应显著地影响了经济收敛,受房价因素的影响,以大中城市为样本的地区经济收敛趋势依赖于与房价的共同作用,经济增长本身不再收敛,甚至呈现出发散的趋势。这进一步验证了本章结论的稳健性。

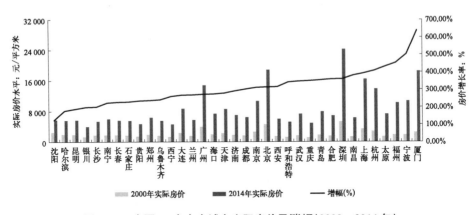

图 5-3　中国 35 个大中城市实际房价及涨幅(2000—2014 年)

三、以长三角城市为例的实证分析

(一) 理论与数据

统计数据显示,过去十多年间长三角城市经济增长并不存在绝对收敛趋势(见图 5-4),且房价呈现出总体性上涨和不同城市之间加速分化等趋势(见图 5 - 5)。2008 年以前,长三角城市间的房价差距并不大,但 2008 年金融危机以后开始加速分化,其中上海、杭州和宁波等城市房价涨幅明显。2012 年至今,上海的房价涨幅远超过同属长三角地区的其他城市。区域内不同城市间房价加速分化的重要影响之一便是会影响到劳动力在区域内的迁移决策。虽然高房价地区的劳动生产率和教育回报率相对较高,但考虑到高房价地区的住房成本较高,劳动力由低房价城市往高房价城市迁移的成本也随之增加。

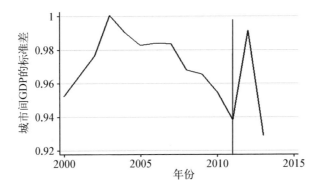

图 5 - 4　2000—2013 年长三角 42 个城市的 σ 收敛情况

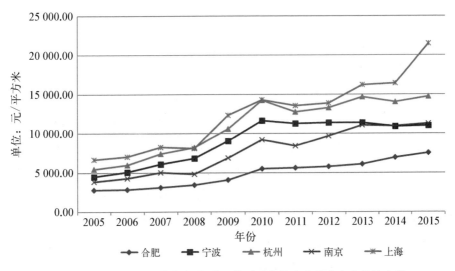

图 5 - 5　2005—2015 年长三角地区典型城市住宅商品房名义价格走势

　　根据以上事实,这里聚焦于探讨区域房价快速上涨对区域经济收敛可能产生的负面效应,尝试从房价分化的视角对长三角地区经济收敛速度放缓做出解释。本章首先提出"高房价可能增加劳动力的迁移成本,进而抑制劳动力向劳动生产率较高的地区流动并影响区域经济收敛"这一理论机制;接着分别以 2000—2013 年中国长三角地区 42 个地级市的面板数据以及 2000 年和 2010 年的中国人口普查数据为样本进行相应的实证分析,研究发现,房价上涨的确在一定程度上影响地区经济差距逐步缩小的趋势,并且高房价抑制了流动人口在迁入地的购房意愿。

　　对于长三角的经济增长差距的特征,研究一般认为,虽然长三角地区经济增长的收敛方向并没有改变,但是受一些因素的影响,其经济收敛的速度出现明显下降。相关文献主要从城市和县区两个层次对这一问题展开论述。其中,曾光和周伟林(2006)以 1978—2004 年长三角 16 个城市的人均GDP 为指标分析发现,长三角地区经济绝对差异(标准差值和极值差值两项指标)逐年扩大,而且阶段性差异明显;而相对差异(极值差率、基尼系数和变异系数)总体上逐年缩小,但是具有一定的波动性。张学良(2009、2010)根据 1993—2006 年长三角 132 个县市区的统计数据,采用考虑空间依赖性或空间自相关因素的模型进行实证研究后发现,虽然长三角县市区经济增长的收敛方向并没有改变,但是其经济收敛的速度明显下降,且在统计上显著。胡艳君(2011)从 16 市和 59 县(市)两个层次上对长三角地区内部经济差异的收敛性进行了考察和分析,研究结果表明:无论是以人均GDP 还是以人均收入作为考察指标,长三角地区在长期内都不存在 σ-收敛;以人均 GDP 增长来考察长三角地区的 β-收敛和俱乐部收敛表明,16市在长期和某些阶段表现出强弱不同的绝对 β-收敛,而 59 县(市)不存在绝对 β-收敛。为此,一些学者积极探讨长三角地区经济收敛放缓的原因,大致包括固定资产投资、地方政府的调控能力、对外开放程度以及城市工业化水平等(张继良、张奇,2009;胡艳君、李应博,2010)。

　　研究中使用的数据为 1999—2014 年《中国城市统计年鉴》公布的长三角 42 个地级城市信息,数据的基本描述性统计如表 5-5 所示。计量方法上主要采用静态面板固定效应估计,来考察长三角城市房价对于区域经济增长收敛性的影响,相应实证结果如下文所示。

表 5 - 5　数据的基本描述性统计

变 量 及 其 描 述	观测值	均值	标准差	最小值	最大值
城市真实 GDP 增长率(growth)	543	0.157	0.066 4	−0.077 5	0.496
城市真实 GDP 初始值的对数(ln gdp)	586	6.717	1.142	4.063	9.981
城市真实房价的对数(ln hp)	577	7.980	0.679	6.657	9.763
城市物质资本存量(invest)	585	15.15	1.354	11.42	17.88
城市人力资本存量(ln school)	585	4.132	0.684	2.565	6.718
城市的城市化率(urban)	556	0.341	0.175	0.099 1	0.901
城市的产业结构(industry)	585	0.867	0.097 9	0.537	0.994
城市的外商投资率(fdi)	542	17.29	1.938	11.68	21.74
当年货币供应情况(M2/GDP)	462	2.189	0.855	0.960	5.406

(二) 实证分析与发现

根据上文给出的计量模型,本章的实证分析主要分为两个阶段,第一阶段以 2000—2013 年泛长三角地区 42 个地级市为样本进行实证检验,揭示住房价格影响地区经济增长收敛的具体表现;第二阶段运用 2000 年和 2010 年的人口普查数据考虑房价影响劳动力流动的微观机制。

1. 混合回归和截面回归

自 20 世纪 90 年代中后期开始,长三角就成为吸纳中国外来劳动力最主要的地区。数据显示,长三角年末常住人口由 2001 年的 1.58 亿人增至 2010 年的 1.76 亿人,户籍人口由 2001 年的 1.29 亿人增至 2010 年的 1.36 亿人。10 年间,常住人口增加了近 2 000 万人,而户籍人口增加了 700 多万人。地区人口规模的大幅增加意味着较大的住房需求。通过对长三角地区房价与城市人口规模的简单混合回归,发现两者之间存在明显的正向关系,满足回归方程:ln hp = 0.169ln pop + 6.932,即该地区人口规模每增长 1%,房价增长 0.169%(见图 5 - 6),且不同城市人口规模变化对于房价上涨的解释力度也有所不同。

2. 面板模型的基准回归

接下来,采用 2000—2013 年长三角 42 个地级城市的面板数据进行实

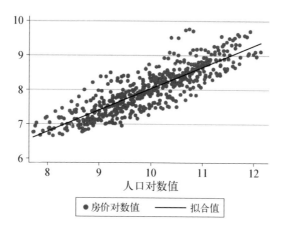

图 5-6　长三角人口规模与房价散点图

证分析。首先,就地区经济增长条件收敛性的存在性进行检验;其次,引入了该年度各城市的基期真实 GDP($L.\ln gdp$)、地区的物质资本(invest)和人力资本存量(ln school)等变量来验证地区经济增长条件收敛性的存在性以及房价对地区经济增长收敛性的影响效果;接着,通过引入各城市基期 GDP 与该年度房价的交互项($L.\ln gdp * L.\ln hp$)来检验房价对地区经济增长收敛性的影响;最后,又引入了该地区的城市化率(urban)、产业化水平(industry)、外资进入情况(fdi)和货币供应量(M2)等一系列可能影响地区经济增长收敛性的变量,作为控制变量来进一步检验以上结果的稳健性。一般来说,对于面板数据模型的估计可以采用混合回归、固定效应和随机效应三种方法,由于不同城市个体之间的经济发展及其影响因素之间存在明显差异,因此混合估计并不适合本章的研究;而 hausman 检验的结果显示 p 值为 0,拒绝存在随机效应的原假设,表明这里应当采用面板数据模型的固定效应估计方法,相应结果如表 5-6 所示。

表 5-6　房价影响城市经济收敛的基准回归结果

变　量	模型(1) growth	模型(2) growth	模型(3) growth	模型(4) growth
$L.\ln gdp$	0.008 48* (0.004 70)	−0.102*** (0.015 1)	−0.020 8*** (0.001 34)	−0.015 3*** (0.002 08)

变　量	模型(1) growth	模型(2) growth	模型(3) growth	模型(4) growth
$L.\ln gdp * L.\ln hp$			0.124 ***	0.123 ***
			(0.000 479)	(0.000 614)
invest		0.073 1 ***	0.004 54 ***	−0.000 683
		(0.009 62)	(0.000 866)	(0.001 63)
ln school		0.014 8	0.004 80 ***	0.006 12 ***
		(0.015 7)	(0.001 35)	(0.001 99)
urban				−0.005 15
				(0.007 91)
industry				−0.042 1 **
				(0.017 8)
fdi				0.001 50 **
				(0.000 690)
M2				−0.002 30 **
				(0.001 11)
常数项	0.099 3 ***	−0.328 ***	0.051 7 ***	0.108 ***
	(0.032 1)	(0.079 1)	(0.006 97)	(0.015 2)
观测值	543	543	535	389
R^2	0.006	0.114	0.994	0.992
城市数量	42	42	42	42

注：① 括号内数值为稳健性标准误。
　　② ***、** 和 * 分别表示在 1％、5％ 和 10％ 水平上显著。
　　③ 限于篇幅，这里并没有列出时间虚拟变量和个体虚拟变量的估计结果。

表 5-6 中模型(1)中 $L.\ln gdp$ 的回归系数为正，说明采用面板模型的固定效应估计，以城市为样本的我国长三角地区经济增长不存在绝对收敛趋势；模型(2)中 $L.\ln gdp$ 的回归系数为负，说明考虑城市物质资本和人力资本存量等因素后，城市经济存在明显的条件收敛性。具体而言，初期经济水平下降1％，在其他因素不变的情况下，未来经济增长速度会增加0.102％，条件收敛保证了落后地区与先进地区的差距不会越来越大。这一结果与张

学良（2009，2010）的发现一致。

表 5-6 模型（3）和（4）是考虑房价因素后的结果，引入房价与地区 GDP 的交互项后，基期 GDP 的系数为负，交互项（$L.\ln gdp * L.\ln hp$）的系数为正，表明房价通过与 GDP 的交互效应影响了经济收敛。具体来说，相比模型（2），模型（3）中 $L.\ln gdp$ 的系数从 0.102% 下降到 0.020 8%。这一结果表明，除了物质资本和人力资本会影响地区经济差距外，房价对于经济增长收敛性表现出抑制效应，具体表现为房价每上涨 1%，地区经济收敛速度降低 0.081 2 个百分点（0.102%－0.020 8%）。引入该地区的城市化率、产业化水平、外商投资率和货币供应量等一系列控制变量后，房价对城市经济收敛的影响效果并没有发生实质性改变。

为了揭示出房价影响经济收敛在不同时间段内的变化趋势，我们将总时间段划分为 2000—2005 年、2006—2009 年以及 2010—2013 年三个子时间段进行回归。结果显示，分阶段回归的结果总体上与表 5-8 的结论相一致，即无论是否考虑城市化率、产业化水平、外商投资率和货币供应量等控制变量，长三角地区经济都表现出条件收敛性，且收敛趋势呈"U"形特征；房价对地区经济收敛都表现出显著的抑制作用，但其影响效果在逐步降低，这一影响效果与不同阶段地区房价的上涨幅度基本吻合。

3. 微观机制检验

虽然上文验证了房价会在一定程度上影响地区经济收敛，但并没有识别出房价与劳动力流动两者之间的微观机制，因此，为进一步检验房价对于劳动力流动的影响，这里又分别采用 2000 年和 2010 年的人口普查数据为样本，从流动人口的购房变化情况这一视角进行微观检验。

图 5-7 和图 5-8 的结果显示，2000 年长三角城市净流迁人口与购房比例的关联性（系数为 1.051）要远大于与租房比例的关联性（系数为 0.631），但 2010 年长三角城市净流迁人口的租房比例（系数为 0.724）和购房比例（系数为0.739）相差并不大。这说明随着过去十余年房价的快速上涨，流动人口的购房占比下降明显。受高房价导致的住房成本增加的影响，长三角的净流迁人口从购房转向租房，高房价抑制了流动人口在迁入地的购房意愿。

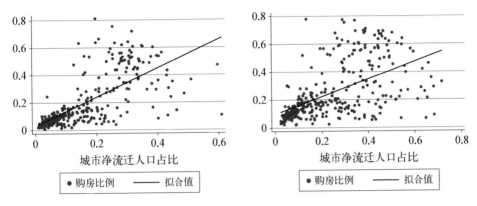

图 5 - 7　2000 年和 2010 购房比例与净流迁人口占比

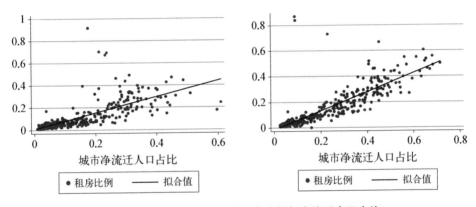

图 5 - 8　2000 年和 2010 年租房比例与净流迁人口占比

第四节　本 章 小 结

一、研究结论

　　本章从房价上涨的角度对地区经济收敛现象做出解释,首先通过以往研究文献,梳理出房价影响地区经济收敛的劳动力流动和企业选择决策上涨机制;接着以 2000—2014 年中国 35 个大中城市的面板数据、长三角地区 42 个地级市以及 2000 年和 2010 年中国人口普查数据为样本进行了实证分析。结果发现,以大中城市为样本,地区经济收敛不存在绝对收敛趋势,但存在条件收敛趋势;房价的快速上涨会降低地区经济的收敛速度,从而不利于缩小地区之间的经济差距。具体来说,当不考虑时间效应时,地区经济增长收敛速度为 0.129%;而当考虑时间效应时,经济增长收敛速度会提高到 0.194%。受房价因素的影响,地区经济收敛趋势依赖于与房价的共同作用,经济增长本身不再收敛,甚至呈现出发散的趋势,且这一效应存在明显的时间段差异。从具体的影响机制来看,房价上涨不仅会影响劳动力的就业地选择,抑制了流动人口在迁入地的购房意愿,同时也会推动地区的工资水平和用地价格的上涨,进而影响企业选址决策。

由此,无论是房价的空间选择机制引起的低技能劳动力在低房价区域聚集,高技能劳动力在高房价地区聚集,还是导致不同生产率的企业在选址过程中的分类聚集现象,都不利于落后地区生产率的提高,从而抑制地区经济增长的收敛并拉大地区间的经济发展差距,也不利于推进像长三角等地区的经济一体化发展。

二、政策启示

如何克服高房价对于地区经济收敛趋势的负面影响问题,从而促进地区间的均衡健康发展,缩小地区间的发展水平差异呢?本章认为,政府应致力于采取扩大部分高房价城市的房屋有效供给、促进不同城市公共服务均等化等措施,平抑部分城市的高房价,防止房价过度分化拉大区域经济差距。同时,进一步完善保障性住房的建设和分配机制,重点解决低技能劳动者、低收入者的住房保障问题,避免房价成为社会分层的重要推手。

具体来说,高房价城市应当关注流动人口(尤其是低技能劳动力)的住房可得性,尝试通过建设人才公寓等措施以吸引劳动力往高生产率地区流入。在实施原则上,应当以政府投资为主、经营公(廉)租房为主体,多渠道解决中低收入流动人口的住房问题。由于中低收入流动人口的住房问题具有一定的社会保障性质,不能彻底交给市场解决,应当在政府主导的前提下适当发挥市场机制,如吸引社会资金的参与。在供给模式上,为适应近年来保障性住房以"租"代"售"模式的发展趋势，应当形成以政府投资为主、适当引入社会力量参与、共同经营的公(廉)租房供应主体。当前城市政府建设公(廉)租房的最大障碍是受"土地财政"的制约，建议将公(廉)租房用地指标计划单列，规定公(廉)租房建设用地不占城市普通建设用地指标。这样一来，既可激发城市政府建设公(廉)租房的积极性，又可在公(廉)租房运营后为其提供稳定的收入来源。

第六章

住房产权、房价与阶层自我认同

第一节 引 言

一、本章研究问题

作为对传统中国人理想生活形态的描绘,"安居乐业"一词体现出了住房对于个体及家庭社会化生活的重要支撑意义,尤其是对中国的城市居民而言,住房问题也许是其一生的最重要关注点之一。1978 年以前,住房被纳入政府的社会福利体系,政府作为城市住房供给的单一主体而存在(裴凌罡,2017),住房的居住属性占据了主导地位。这一时期国家为住房建设累计投资 343 亿元,仅占同期累计基本建设投资总额的 5.8%,年均住房建设投资 12.7 亿元,仅占 GDP 的 1.5%,住房的投资属性基本被忽视(朱亚鹏,2007)。1978 年党的十一届三中全会召开之后,以住房商品化为主要目标,通过公房出售试点的形式,政府启动了城镇住房供给制度改革,并逐步建立了住房公积金制度,较好地实现了住房资金的快速集聚。到 1998 年底我国全面实施城镇住房制度改革时,住房公积金已覆盖全国 231 个地级城市、437 个县级城市,缴存总额达到 1 231 亿元,房地产投资额增至 3 614.23 亿元,住房的投资属性得到释放。商品房开始逐步成为城市居民获得住房的主要途径,我国家庭住房自有率也随之不断攀升。中国家庭金融调查(CHFS)数据显示,2014 年中国家庭的住房自有率为 84.4%,远高于美国和欧盟国家的 2/3 的比例,拥有二套房的家庭的比例也达到了 15.6%(甘犁等,2013;李培林、朱迪,2015)。2003 年,《国务院关于促进房地产市场持续健康发展的通知》（以下简称《通知》）的出台,进一步明确了住房市场化方向。《通知》指出"以住房为主的房地产业已经成为国民经济的支柱产业"。随着 2003 年国有土地使用权出让"招拍挂"制度的全面实施和住房金融化的推进,住房进一步朝着商品化、市场化方向加速发展,致使房价不断攀升。2004—2019 年的《中国统计年鉴》显示,全国商品房销售均价从 2003 年的 2 360 元/平方米上升到 2018 年的 8 737 元/平方米,年均增长率高达 18%,快速上涨的房价极大地超出了城镇居民的承受能力,社会反应越来越强烈。

　　住房市场化改革下的房屋由单纯的居住属性衍生出居住和投资双重属性,客观上也扩大了个人及家庭之间的住房财富差距。正如托马斯·皮凯蒂(2014)指出的那样,财富不平等爆发的根源在于资本积累的速度超过收入的增长速度,而住房财富是资本积累的一个重要组成部分。过去 30 年来,中国房价的上涨速度超过了租金和收入的增长速度,这也是我国自住房高占有率的同时,依旧面临房价带来的社会财富分配不均问题的根源。相关研究表明,房产不仅揭示出全国家庭间 2/3 的财富不平等,在全国家庭财产增长中同样起着主导作用,2010 年至 2012 年间,全国增加的财产中有 54.5% 来自房产增值,这一点在城市中表现得更为突出(靳永爱、谢宇,2015),并且这种不平等还在随着时间的推移进一步扩大。

　　伴随着居民住房产权拥有率的提高和住房条件的改善,住房也逐渐由单纯的居住属性进一步衍生出更为丰富的属性。例如,在城市户籍制度的作用下,住房又与城市落户、子女入学等重要城市福利和社会保障挂钩,不同类型和条件的房屋产权所附着的生活便利程度、公共服务权利也存在相当大的差异。于是,住房因成为居民享受城市公共服务的必要条件而凸显出其权利属性和归属属性。基于住房所凝结的多重属性及其衍生出的社会群体分异,住房在分层体系中占据越来越重要的地位,国内学者纷纷将住房产权及住房条件作为透析现阶段中国社会贫富差距和阶层分化的重要视角。研究者们指出,在当前中国城市社会中,考虑到住房属性的嬗变历程,住房所有权和住房条件差异既在事实上形成了基于财富的阶层分化(张文宏、刘琳,2013),也导致了相应的阶层认同的形成(刘祖云、毛小平,2012;张海东、杨城晨,2017),甚至可能形成一种新的基于财产或住房权利的分层秩序(李强、王美琴,2009)。

二、本章内容安排

将住房纳入阶层社会地位评价的指标体系之中,已成当前的学界共识,而住房以何种角色、通过何种机制影响社会阶层及其地位认同的产生,则有待进一步的研究加以阐释。由此,本章试图从住房消费出发,借助依附于其上的居住、权利、归属和投资等属性的分析,探讨住房所有权和住房条件对社会阶层地位认同产生的影响,以期进一步探析我国居民的阶层认同现状,并对我国的城市住房政策提出相关的建议。

第二节 住房产权、房价与阶层
自我认同的理论分析

一、消费分层研究的西方进路及本土实践

社会分层是社会学研究领域的永恒课题,并先后沿着体现社会不平等的两种重要起源——生产与消费——发展出了两条不同的社会分层研究进路。最早的基于生产的分层理论起源于马克思的生产关系一元分层论,即依据人们的生产资料占有关系划分出不同的利益阶层。而韦伯在发展出多元分层论的同时,通过把“身份群体”定义为“根据他们消费产品的原则而得到分层”的群体(戴维·格伦斯基,2005),从而将消费作为阶层分层的原因而非单纯的结果引入了社会分层的研究之中。西方消费分层的理论研究主要沿着凡勃伦(Veblen)、布迪厄(Bourdieu)和鲍德里亚(Baudrillard)三位学者的研究脉络展开,将消费分层视为社会分层在消费领域的体现和延伸,分别探讨消费所涉及的经济资本、文化资本和符号资本等因素如何实现身份建构和阶层区隔(林晓珊、张翼,2014)。

诚然,生产关系中的阶层与权利差异是造成社会不平等的根本因素。但是,随着政府开始在生产和消费领域进行干预,资源分配(尤其是消费品资源)便不再仅仅以市场为基础,同时也会根据政府权力行使的政治逻辑来

分配(Saunders,2003),一种围绕着政府消费供给形成的新的社会分层和社会不平等在西方国家开始出现。西方新马克思主义的城市社会学研究者们捕捉到了这一转变,并致力于建构有别于传统的私人消费的"集体消费"理论,对新的城市社会分化与不平等进行分析。作为西方新马克思主义城市社会学的主要代表人物,卡斯特(Castells,1975)最先提出了"集体消费"的概念。他将消费品分为两类,即私人消费品(private individual consumption)和集体消费品(collective consumption)(蔡禾、何艳玲,2004)。前者指那些可以在市场上买到的或自己提供的,被个人单独占有和消费的产品;后者指不能被分割的产品或服务,它们往往在一个集体层面被生产并消费,涉及日常生活中的各种产品、服务与设施等(Levinson and Christensen,2003)。卡斯特认为,国家表面看起来是对所有人都提供了平等的集体消费品,其实往往是将一部分人排除在集体消费品之外,最终反而加剧了社会的不平等(Castells,1975),甚至形成基于集体消费的不同消费利益群体。英国社会学家桑德斯(Saunders,1984)沿着集体消费的分析路径,提出了"消费部门分割"(consumption sector cleavage)理论,指出随着消费分层的差异、消费资源归属权的不同而形成的各种消费利益集团之间,不仅仅存在生活方式的区别,更有可能脱离各自的生产领域的分层归属,并表现出有明显差别的政治倾向。Dunleavy(1985)的研究则进一步证实了居民的政治倾向与其对于消费部门(公营或私营)的依赖关系的差别存在着密切的关系。

随着中国逐步向"消费者社会"转变,人们的社会地位不再仅仅取决于生产场域的身份,还取决于其消费水平和生活方式(王宁,2009)。也就是说,"消费"开始成为广受社会阶层所认可的、区分"我"与"他"的一个重要视角(李怀、程华敏,2010)。21世纪伊始,学者们逐渐意识到,在中国的经济结构转型和体制转轨的过程中,由于分配领域中双轨制和隐性收入的广泛存在,以职业和收入为基础的社会分层指标体系具有较大的局限性,而消费成为更能反映真实情况的分层指标。学者们通过实证调研考察了基本消费领域的社会分层状况,分析了消费分层与其他社会分层之间的关系(李培林、张翼,2000),并将消费中的不平等状况纳入制度变迁中加以考察,进而建构出一个更契合中国社会实际的消费分层分析框架(林晓珊、张翼,

2014)。由于我国的消费分层面临着起点不平等和规则不公正的现状(何小青,2007),中国社会在消费领域的不平等没有随着再分配体制的破除而消失,而是与生产和市场领域迅速出现的不平等交织在一起,造成了部分阶层之间的心理冲突和利益矛盾,并成为影响社会和谐稳定的潜在因素(蔡禾、何艳玲,2004)。因此,与所有进入消费社会的国家一样,消费也展现出了中国的社会分化逻辑,它与阶层认同的关系决定了它对于阶层区分的重要性,从消费的角度入手对当前中国的社会分层进行研究也就具备了重大的现实意义。

二、作为消费品的城市住房:分层指标的再认识

住房所有权、住房条件差异影响社会阶层分化的研究由来已久。早在19世纪80年代,恩格斯在《论住宅问题》中,就依据对英国曼彻斯特的社会居住空间模式的分析,从社会阶层居住空间分割的角度探讨了英国社会的阶层化问题。20世纪中后期,西方国家城市住房市场的社会与空间不平等现象日益加剧,如少数民族的居住隔离现象等(Fleischer,2007)。20世纪80年代,撒切尔夫人在英国实行了一系列新自由主义政策,减少国家对房地产市场的宏观调控,鼓励人们买房,使房地产资源在很大程度上主导了国家经济增长,并影响民众的生活质量,也因此催生了住房消费性阶层的形成。

约翰·雷克斯和罗伯特·摩尔在《种族、社区和冲突》一书首次提出的"住房阶层"概念(Rex and Moore,1967),进一步拓展了住房与分层的研究深度。他们在研究英国城市后认为,住房与就业成为社会关系结构的两种主要决定性因素。"住房阶层"(housing class)概念的提出,一方面是将住房研究与主流社会学关注资源分配不平等和阶级斗争的传统紧密地结合在一起;另一方面说明了城市的空间结构和社会组织是如何通过住房分配体系相互勾连的(蔡禾、张应祥,2003)。之后桑德斯(Saunders,1984)等人从"住房所有权"和"使用情况"角度拓展了住房理论的内涵,于是阶层划分标准开始从生产性资源扩展到消费性资源,特别是住房消费成为重塑阶层身份辨识的关键因素。尽管市场能力(经济收入)依旧是社会成员获取住房资源的主要依据,但政府所制定的住房政策也扮演着重要角色。

20世纪80年代以前,我国的公有或集体所有制形式以及政府主导型

社会组织形式,使得政府在城市住房分配中扮演着重要的角色。政府的住房政策与公共住房分配系统直接带来了住房分配的社会不平等(蔡禾、张应祥,2003)。例如,中国现行的住房公积金、经济适用房、廉租房等六个主要的住房改革制度都体现了社会结构的排斥性(李斌,2002),而形成了事实上的住房消费"部门分割"。随着 20 世纪 80 年代以来的一系列住房改革制度的推行,如推行住房公积金、买房给优惠、提高房租发补贴、建设经济适用房或安居工程、住房货币化补贴以及廉租房等,我国的住房分配模式发生了重大的变化,住房的性质也由政府福利转变为市场商品,住房改革的受益者基本是那些有更高政治地位或有更好经济条件的人,以及那些占有组织资源和权力的单位职工(Logan et al.,1999)。与此同时,不同类型的住房逐步剥去集体消费品的表象,其隐藏的集体消费品属性却随着政府城市建设的大力投入带来的城市内部、城市之间的公共服务供给差异而继续保持。因此,自 20 世纪末以来,我国的社会分层研究就开始将住房分层状况与机制视为社会(尤其是城市社会)分层状况与机制的重要内容(刘祖云、毛小平,2012)。而国内学者在中国城市的住房自有率偏高、房价快速上涨的时代背景下,就中国住房产权、住房条件等对于社会分层的影响展开论述,所揭示出的房屋产权所附加的巨大经济价值以及居民享有公共服务权利的差异状况,正是对现实的反映。

当城市住房被视为消费品之时,其具体属性可以分割为居住、权利、归属与投资四个方面,并与阶层分化与认同产生勾连。首先,住房在满足首要的居住需求的同时,使得原本生活方式和文化资本的无形阶层边界在居住空间的社会分化下变得有形和清晰(芦恒,2014),成为塑造物质生活机会(shaping material life chances)(Saunders,2003)的居住空间。其次,对中国城市居民而言,住房不仅仅意味着一个住所,更是一个培养个人权利感的私人场域,反映和形成了人与地位、物品及权力之间的关系(戴慧思,2006),从而在住房的消费实践中无形地体现出其权利属性。再次,在现有的城市住房消费市场下,人们基于其住房消费的偏好以及支付能力,对社区及其周围的公共服务和居住空间质量进行选择,形成了不同类型的社区(冯云廷,2018),由此阐发出各种类型与层次的社区内部交往形态,并形成相应的社区归属感。最后,在城市居民日常生活中,住房不仅是体积最大、价值最高和耐用时间最长的家庭消费品,更是一项各种权属关系的综合体,住房拥有者可以通过住房的租赁和增值来谋取个人利益,也能够以住房为抵押去谋求更多资本。从这个意义上来说,住房也是房改至今中国城市居民最具投资价值的消费品之一。综上所述,住房这一消费品,无疑是当前最能体现中国社会分层现状的重要指标。

三、分析框架与研究假设

遵循西方消费分层的研究进路以及"住房阶层"的理论框架,国内外学者们已然注意到住房背后所蕴含的深刻阶层意涵,并展开了卓有成效的研究(Bian,2002;张海东、杨城晨,2017)。而从住房的消费品属性出发,进一步探究住房以何种角色、通过何种机制对社会阶层认同产生影响,则是本章试图进一步阐释的问题。正如马克思对生产分层的研究是基于对生产过程中的剩余价值的争夺(陈周旺、汪仕凯,2013)一样,消费分层研究也无法脱离对整个消费过程的关切。具体而言,可以将消费分层的实现过程分为三个过程:第一,消费者以何种途径、何种身份进入消费场域,获得何种消费品;第二,消费者如何实现消费品各种属性的价值兑现,以及属性价值兑现的具体体现;第三,消费结果反馈如何,即会给消费者的社会阶层带来怎样的影响,不仅是主观认同还包括客观改变,也包括当下的认识与变化的预期。基于此,本章从消费分层的实现过程出发,构建出相应的分析框架(见图 6-1)。

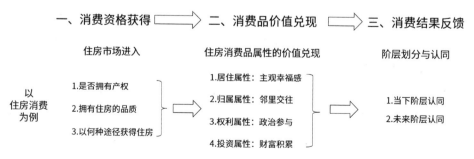

图 6-1　消费分层实现过程图(以住房消费为例)

作为消费分层的最重要指标之一,中国城市住房所体现出的阶层分化同样体现于其消费过程之中。从消费资格的获得过程来看,房地产市场放开后的市场体制下的住房更多地表现为商品而非福利(Bian,2002),住房的获取过程不仅承载着包括收入、职业等在内的阶层变量,还涉及个人的政策解读能力对住房消费的影响,因而更能反映出市场转型的程度及市场转型与社会分层的关系(毛小平,2010)。因此,在中国特色社会主义市场经济背景下,住房市场分配不平等体现出了市场与制度的双重作用,在这个过程中,社会分层机制既实现了制度跨越又保持了权利的维系(蔡禾、黄建宏,2013;边燕杰、刘勇利,2005)。不同的阶层自动地在不同的选择框架内解决自己的住房消费问题,反馈出住房消费的阶层意识与阶层归属感(浩春杏,2007)。不同住房消费阶层之间的冲突,正是社会对城市住房市场不平等的一种回应(Chen et al.,2017)。

既有研究也表明,住房的消费品属性(具体可以表现为住房所有权和住房条件差异)显著影响了居民的阶层认同。例如,赵晔琴和梁翠玲(2014)通过分析 2013 年的 CGSS 数据发现,我国农民工住房消费与阶层认同存在正相关,具体表现为住房产权归属、人均居住面积、人均居住支出比例越大,阶层地位认同越高。Fleischer(2007)以北京市为例进行分析发现,住宅及其衍生的生活方式与空间消费成为现代市民意识形成的基础,且基于住房消费的居住模式对于分层趋势及阶层的影响日趋扩大(刘精明、李路路,2005)。因此,住房消费不仅仅是社会阶层划分的表现形式,体现出财富、文化等要素的分层效应,更构成了居民对于自身阶层地位的判断依据(张文宏、刘琳,2013)。由于已有研究大都表明住房的消费品属性对于居民阶层地位认同有正向的影响,因此,本章首先提出研究的基本假设 H_0。

H_0:居民拥有的住房消费品价值越高,即拥有住房产权、住房条件越好,其阶层地位认同越高。

基于研究需要与实证可能性,本章更多地聚焦于消费分层实现三个过程中的第二阶段——消费品价值兑现,即着重探讨住房消费影响阶层认同的具体机制。因此,将具体分析住房的四类消费属性如何体现于居民的日常生活,并最终反馈在其阶层认同上。首先,一般来说,住房的居住属性,诸如是否拥有住房所有权、拥有一套或多套住房所有权以及住房条件的不同（房屋类型、房屋面积、社区配套情况等）能够通过为居民提供物质生活机遇来影响其住房满意度，并对居民幸福感产生影响（Zhang et al.，2018），进而影响居民的阶层地位认同。既有的中国实证研究也表明，住房的所有权及住房条件均能对个体的主观幸福感产生显著的正面影响，且这一点在女性和大城市居民身上体现得更加显著（Zhao，2012；Hu，2013；张翔等，2015；范红忠、侯亚萌，2017）。基于此，现提出第一个子假设。

H₁：从住房的居住属性出发，拥有住房所有权及更好的住房条件，能够提高居民的主观幸福感，主观幸福感越高的居民拥有越高的阶层地位认同。

其次，住房所有权差异会极大地影响个体的政治态度和行为，这正是住房的权利属性建构政治联盟（Saunders，2003）的体现。既有研究显示，在中国大规模住房私有化的社会背景下，社区关系从乡土社会的血缘关系、单位制社会的业缘关系发展到了现在的后单位时代的居缘关系。社区类型也由自然型社区（单位型社区）发展成了阶层性社区（徐晓军，2000）。拥有不同房屋产权类型的群体在社会政治行动中的参与倾向也得到了相当多的实证研究的证实（李骏，2009；张磊，2005）。同时，经典的政治社会学也一直将阶层与政治行为的参与之间的关系置于研究的核心位置，并论证了政治参与度与社会阶层的位置存在着显著的相关性，而且主观阶层认同对于居民参与政治行为的影响，比客观阶层地位的影响更为显著（刘欣、朱妍，2011；许汉泽、徐明强，2013）。基于此，现提出第二个子假设。

H₂：从住房的权利属性出发，拥有住房所有权及更好的住房条件，能够提升居民的政治参与度，政治参与度越高的居民拥有越高的阶层地位认同。

再次，正如胡荣和张义祯（2005）在研究中所指出的那样，社会阶层的本质是想象的共同体，是整个社会主观建构的产物，社会阶层的认同往往是通过共同体所共有的社交符号以及身份标志得以体现的。因此，社会交往的结构理论为阶层化提供了一个重要的分析视角，即人们的社会交往在很大程度上是由客观阶层地位决定的，且人们通过这种交往过程本身来强化各自的主观阶层地位认同（刘精明、李路路，2005）。住房所体现出的归属属性正是这样一个重要载体，同一社区内的居民通过内部交往所塑造的文化体验与身份认同,有助于建立起一种区别于市场位置形成的社会关系(张杨波、吴喜,2011),从而强化其对于社区的心理归属感(吴缚龙等,2017),并以此为基础建构起相应的社会阶层认同。基于此,现提出本章的第三个子假设。

H₃:从住房的归属属性出发,拥有住房所有权及更好的住房条件,能够提高居民的社区归属感,社区归属感越强的居民拥有越高的阶层地位认同。

最后,自20世纪90年代中国实施城镇住房改革后,房价的总体性上涨使得住房的庇古效应(Pigou Effect)得以彰显,逐步成为影响个体及其家庭财富水平变动的最重要因素之一(周膺、吴晶,2010)。住房差异可以通过住房产权产生的资产性收益和住房市值与面积引起的潜在再投资收益等方式影响家庭总收入,并加剧家庭之间的收入不平等(张传勇,2018),且随着房价的总体性上涨及其在不同城市间的进一步分化,住房的投资属性加速了居民的财富积累,并可能拉大居民之间的财富差异(陈彦斌、邱哲圣,2011),进而产生基于住房财富的阶层分化与认同。基于此,现提出本章的第四个子假设。

H₄:从住房的投资属性出发,拥有住房所有权及更好的住房条件,能够增加家庭财富积累,家庭财富越多的居民拥有越高的阶层地位认同。

第三节　本章的研究设计与数据来源

一、研究设计

结合上述文献梳理,本章提出的约束函数与基本分析框架如下:

$$R = f(\alpha, \beta, \gamma_i, \theta) \tag{6-1}$$

其中,R为居民阶层地位认同,主要由四个方面的因素所决定。其中,α代表被调查人的个人情况和家庭背景;β代表居民的住房状况,包括住房产权和住房条件两个方面;γ_i是可能影响居民阶层地位认同的影响路径,如主观幸福感、政治参与度、社区归属感和家庭财富积累等;θ为居民所在地的房价水平,如商品房的平均销售价格。

在计量模型的选取上,由于居民阶层认同是有序分类变量,本章主要采用有序概率模型进行估计。模型如下:

$$p_r(y_i = 1 \mid x_i) = E(y_i \mid X) = \frac{\exp(x'\eta)}{1 + \exp(x'\eta)} \qquad (6-2)$$

$$y_i = \begin{cases} 1, \text{if } \tau_0 = -\infty \leqslant y_i^* < \tau_1 \\ 2, \text{if } \tau_1 \leqslant y_i^* < \tau_2 \\ 3, \text{if } \tau_2 \leqslant y_i^* < \tau_3 \\ \cdots\cdots \\ 10, \text{if } \tau_9 \leqslant y_i^* < \tau_{10} = \infty \end{cases} \qquad (6-3)$$

$$Y_i^* = \alpha + \beta X + \varepsilon \qquad (6-4)$$

在式(6-4)中,因变量 Y_i^* 为阶层地位认同,自变量集 X 代表四类变量:居民的个人情况(性别、年龄、婚姻状况、教育程度、政治面貌、工作状况、户口、个人收入和职业类型等)、家庭情况(家庭规模、家庭总收入、父母的教育程度及其职业类型等)、地区特征(主要控制了一年内的房价增长率)以及住房状况(产权情况、套内面积、社区品质)等。

为进一步解释住房的消费品属性影响居民阶层地位认同的机制,结合上文提出的研究假设,本章还将进一步分析无房家庭、一套房家庭和多套房家庭之间的阶层认同差异。此外,在实证分析的最后,将基础模型中的因变量由阶层认同改为同龄人之间的阶层认同与阶层认同的上升期望,深入挖掘住房条件对社会阶层固化的影响。这是对本章主要关心问题的一个补充,同时也是住房对于阶层认同影响的一个印证。

二、数据来源与变量分析

本章选取了中国人民大学和香港科技大学联合组织的中国综合社会调查(CGSS)公布的 2015 年的调查数据,调查样本涵盖全国 28 个省区市的478 个村居,共回收问卷 10 968 份。这里只考虑非农村样本,因此删除了农村(包括被调查人居住社区类型为农村社区以及新近由农村社区转变的城市社区的样本,以及被调查人居住地区类型为农村的样本)及有缺失值的样本,共得到有效样本 6 470 个。本章选取住房产权和住房条件作为主要解释变量,包括住房产权(现有住房为自有或亲属拥有产权的赋值为 1,否则为 0)、住房面积(被调查样本现住的住房套内建筑面积)、社区品质(被调查人居住的社区的安全程度,1—非常不安全,2—不太安全,3——一般,4—比较安全,5—非常安全)。被解释变量为被调查人目前所处社会阶层,由调查中问题"您认为自己目前处于哪个等级上"得到,其中最底层赋值为 1,最顶层赋值为 10,以被调查人对自己目前所处的阶层状态的判定作为阶层认同的代理变量。

为揭示住房消费品属性对居民社会阶层认知影响的具体路径,引入居民的主观幸福感、社区归属感、政治参与度以及家庭财富作为中介变量,同时根据研究需要,将性别、年龄、婚姻状况、户口、政治面貌、受教育程度、个人年收入、工作状况、职业类型等作为控制变量。其中,教育、个人年收入和工作状况又是反映客观社会等级分层的变量,在研究住房条件和阶层认同的关系中,考虑上述变量可能引起的混杂作用,有助于揭示住房消费和阶层认同的本质关系。为控制地区特征,这里又引用了 2014 年各省区市商品房平均销售价格的增长率作为控制变量,数据来自《中国统计年鉴》。主要变量的说明和基本描述性统计结果如表 6-1 所示。

表 6-1 变量说明和基本描述性统计

变　量	变量描述	Obs	Mean	Std.Dev.	Min	Max
阶层自我认同	"您认为自己目前处于哪个等级上",最底层赋值为 1;最顶层赋值为 10	6 399	4.459	1.596	1	10
未来阶层自我认同	"您认为自己 10 年后将处于哪个等级上",最底层赋值为 1;最顶层赋值为 10	6 079	5.349	1.913	1	10
同龄人自我认同	"与同龄人相比,您本人的社会经济地位怎样",较低=1;差不多=2;较高=3	6 427	1.744	0.551	1	3

续　表

变　量	变量描述	Obs	Mean	Std.Dev.	Min	Max
主观幸福感	"总的来说,您觉得您的生活是否幸福",非常不幸福=1;比较不幸福=2;说不上幸福不幸福=3;比较幸福=4;非常幸福=5	6 457	3.891	0.796	1	5
社区归属感	"您和邻居、街坊/同村其他居民互相之间的熟悉程度",非常不熟悉=1;不太熟悉=2;一般=3;比较熟悉=4;非常熟悉=5	6 470	3.365	1.055	1	5
政治参与度	"上次居委会选举/村委会选举,您是否参加了投票":否(含没有投票资格)=0;是=1	6 079	0.373	0.484	0	1
家庭财富	"您家的家庭经济状况在所在地属于哪一档":远低于平均水平=1;低于平均水平=2;平均水平=3;高于平均水平=4;远高于平均水平=5	6 416	2.707	0.714	1	5
房产数量	家庭房产数量(没有为0;其他为实际房产数)	6 317	1.107	0.686	0	14
住房产权	家庭是否有房产(0为没有;1为有)	6 470	0.907	0.291	0	1
住房面积	当前居住房屋的套内面积(平方米)	6 468	94.83	66.11	3	900
社区品质	"从治安角度考虑,您所在的社区安全不安全"(1—非常不安全;2—不太安全;3——般;4—比较安全;5—非常安全)	6 470	3.008	1.068	1	5
性别	男为1;女为0	6 470	0.462	0.499	0	1
年龄	根据出生年份计算而得	6 470	49.12	17.35	18	95
婚姻状况	您目前的婚姻状况是:未婚、离婚、丧偶=0;其他(同居、初婚有配偶、再婚有配偶、分居未离婚)=1	6 470	0.763	0.425	0	1

变　量	变 量 描 述	Obs	Mean	Std.Dev.	Min	Max
教育程度	目前的最高教育程度是(包括目前在读的)：没有受过任何教育＝1；私塾＝2；小学＝3；初中＝4；职业高中＝5；普通高中＝6；中专＝7；技校＝8；大学专科(成人高等教育)＝9；大学专科(正规高等教育)＝10；大学本科(成人高等教育)＝11；大学本科(正规高等教育)＝12；研究生及以上＝13	6 455	5.882	3.334	1	14
父亲的教育程度	计算方式同上	6 470	3.330	2.548	1	14
母亲的教育程度	计算方式同上	6 470	2.578	2.094	1	14
政治面貌	中共党员为1；其他为0	6 470	0.204	0.403	0	1
工作状况	目前从事非农工作＝1；其他＝0	6 470	0.487	0.500	0	1
户口	农业户口为0；非农业户口为1	6 470	0.691	0.462	0	1
个人年收入	个人2014年全年总收入	6 470	43 664	62 050	80	1 000 000
职业类型	根据问卷提供的职业编码，参考刘欣和胡安宁(2016)，算出职业声誉得分	6 470	1.494	0.781	1	3
父亲的职业类型	计算方式同上	6 470	1.755	0.667	1	3
母亲的职业类型	计算方式同上	6 470	1.618	0.589	1	3
家庭规模	与受访者住在一起的家人数量	6 470	2.680	1.279	1	12
家庭总收入	全家2014年全年总收入	6 470	82 223	132 011	0	3.000e＋06
房价涨幅	根据《中国统计年鉴》计算受访者所在省区市当前房价较上年涨幅	6 470	0.030	0.053	−0.043	0.149

第四节 住房产权影响阶层自我认同的实证发现和讨论

一、基准分析

为了检验住房的消费品价值(即住房所有权和住房条件)对于居民阶层认同的影响,主要采用有序概率模型对基础模型进行估计。其中,模型(1)的自变量中只加入了主要解释变量(住房产权和以住房套内面积、社区品质为代表的住房条件)和地区特征对于居民阶层认同的影响;模型(2)在模型(1)的基础上控制了个人特征变量,如性别、年龄、婚姻状况、教育程度、政治面貌、户口、个人年收入、工作状况和职业类型;模型(3)是在模型(2)的基础上进一步控制家庭特征变量,包括家庭规模、家庭总收入、父亲的教育程度、母亲的教育程度、父亲的职业类型、母亲的职业类型等。模型(4)、(5)、(6)、(7)逐步加入主观幸福感、社区归属感、政治参与度、家庭财富等变量,考察住房条件对阶层认同可能的中介变量的影响程度,模型估计时控制了家庭所在省区市的固定效应和区域内组内异方差,结果如表6-2所示。

表6-2 住房所有权、住房条件对阶层认同的影响

变 量	模型(1)	模型(2)	模型(3)	模型(4)	模型(5)	模型(6)	模型(7)
主观幸福感				0.314***			
				(0.018)			
社区归属感					0.044***		
					(0.014)		
政治参与度						0.152***	
						(0.029)	
家庭财富							0.645***
							(0.024)

续　表

变　量	模型(1)	模型(2)	模型(3)	模型(4)	模型(5)	模型(6)	模型(7)
住房产权	0.259***	0.212***	0.196***	0.147***	0.185***	0.171***	0.081*
	(0.048)	(0.049)	(0.049)	(0.049)	(0.049)	(0.052)	(0.049)
住房面积	0.189***	0.211***	0.219***	0.205***	0.213***	0.215***	0.096***
	(0.022)	(0.022)	(0.023)	(0.023)	(0.023)	(0.024)	(0.023)
社区品质	0.097***	0.052***	0.044***	0.033***	0.044***	0.042***	0.021*
	(0.012)	(0.012)	(0.013)	(0.013)	(0.013)	(0.013)	(0.013)
房价涨幅	−0.370***	−0.670***	−0.797***	−0.671***	−0.845***	−0.825***	−0.471*
	(0.258)	(0.256)	(0.256)	(0.255)	(0.257)	(0.270)	(0.255)
年龄		−0.025***	−0.023***	−0.014***	−0.024***	−0.026***	−0.011**
		(0.005)	(0.005)	(0.005)	(0.005)	(0.005)	(0.005)
年龄的平方		0.000***	0.000***	0.000***	0.000***	0.000***	0.000***
		(0.000)	(0.000)	(0.000)	(0.000)	(0.000)	(0.000)
性别		−0.165***	−0.155***	−0.133***	−0.156***	−0.169***	−0.134***
		(0.027)	(0.027)	(0.027)	(0.027)	(0.028)	(0.027)
婚姻状况		0.235***	0.238***	0.166***	0.233***	0.223***	0.179***
		(0.036)	(0.037)	(0.037)	(0.037)	(0.038)	(0.037)
教育程度		0.039***	0.030***	0.027***	0.031***	0.029***	0.023***
		(0.007)	(0.007)	(0.007)	(0.007)	(0.007)	(0.007)
政治面貌		0.083**	0.076**	0.037	0.074**	0.075**	0.056
		(0.037)	(0.037)	(0.037)	(0.037)	(0.038)	(0.037)
户口		0.139***	0.114***	0.097***	0.115***	0.116***	0.094***
		(0.031)	(0.032)	(0.033)	(0.033)	(0.034)	(0.033)
个人年收入		0.182***	0.154***	0.145***	0.158***	0.151***	0.094***
		(0.016)	(0.016)	(0.016)	(0.016)	(0.017)	(0.016)
工作状况		0.029	0.012	0.016	0.016	0.011	0.005
		(0.033)	(0.033)	(0.033)	(0.033)	(0.035)	(0.034)
职业类型		0.073***	0.065***	0.059**	0.064***	0.073***	0.034
		(0.024)	(0.024)	(0.024)	(0.024)	(0.025)	(0.025)
家庭规模			−0.030***	−0.035***	−0.032***	−0.029***	−0.016
			(0.011)	(0.011)	(0.011)	(0.011)	(0.011)

续　表

变　量	模型(1)	模型(2)	模型(3)	模型(4)	模型(5)	模型(6)	模型(7)
家庭总收入			0.076***	0.070***	0.077***	0.078***	0.028***
			(0.012)	(0.011)	(0.012)	(0.013)	(0.011)
父亲的教育程度			0.005	0.004	0.006	0.003	0.005
			(0.007)	(0.007)	(0.007)	(0.007)	(0.007)
母亲的教育程度			0.021**	0.020**	0.022**	0.022**	0.016*
			(0.009)	(0.009)	(0.009)	(0.010)	(0.009)
父亲的职业类型			0.007	0.002	0.006	0.011	−0.015
			(0.022)	(0.022)	(0.022)	(0.023)	(0.023)
母亲的职业类型			0.029	0.027	0.028	0.025	0.022
			(0.025)	(0.025)	(0.025)	(0.026)	(0.025)
观测值	6 397	6 384	6 384	6 376	6 384	6 003	6 342
伪 R^2	0.009 07	0.034 9	0.038 6	0.053 2	0.039 1	0.039 7	0.079 5
对数似然值	−11 437	−11 114	−11 071	−10 885	−11 066	−10 383	−10 522
卡方(χ^2)	194.9	746.4	819.8	1 116	837.8	788.4	1 413

注：① 括号内为稳健性标准误。
　　② ***，**，*分别表示该系数在1％、5％、10％水平上显著。

　　表6-2中的模型(1)、(2)、(3)显示,住房产权以及住房条件对于居民的阶层认同都产生了显著的影响,即拥有住房产权能够增强居民的阶层认同,而且住房套内面积越大,社区品质越高,居民的阶层认同越高,即假设H_0得证,住房所有权和住房条件成为辨识居民阶层地位认同的关键因素。而住房价格对社会整体的阶层地位认同起着抑制作用,即住房价格涨幅越高,居民获取住房这一消费品的难度越大,社会整体的阶层地位认同越低。从个人和家庭特征来看,年龄与阶层认同之间呈现"U"形关系;女性比男性有更高的阶层认同;已婚人士比未婚人士具有更高的阶层认同;受教育程度越高,居民的阶层认同越高;党员比非党员有更高的阶层认同;城市居民中拥有非农户口的居民比农业户口的居民有更高的阶层认同;有工作且收入

越高的人,阶层认同越高;居民从事的职业声誉越高,其阶层认同也越高。这些结论与现有理论以及常识相符,进一步证实了本章假设检验的有效性。模型(4)、(5)、(6)、(7)的结果分别显示,居民的主观幸福感、社区归属感、政治参与度、家庭财富都对其阶层认同产生显著的正面影响。以上的研究结论与本章的研究假设的路径一致。为了进一步揭示住房条件影响居民阶层认同的内在机制,接下来分别就住房对于居民主观幸福感、政治参与度、社区归属感、家庭财富等方面的影响进行检验。

二、影响机制检验

为进一步揭示住房产权和住房条件影响居民阶层认同的具体机制,下面分别以居民主观幸福感、政治参与度、社区归属感以及家庭财富四个中介变量作为因变量,回归模型主要包括三个模型,其中基本模型的自变量只加入了住房产权和住房条件(套内面积、社区品质)等关键解释变量以及地区房价变量,后续两个模型则进一步控制了个人特征变量和家庭特征变量,系统考察住房产权和住房条件对于中介变量的影响。

(一)住房所有权、住房条件对居民主观幸福感的影响

以居民主观幸福感作为因变量,模型(8)的自变量中只加入了住房产权和住房条件等关键解释变量以及地区房价变量,模型(9)和模型(10)进一步控制了个人特征变量和家庭特征变量,系统考察住房产权和住房条件对于居民主观幸福感的影响,检验结果如表6-3所示。

表6-3 住房所有权、住房条件对居民主观幸福感的影响

变 量	模型(8)	模型(9)	模型(10)
住房产权	0.286***	0.251***	0.236***
	(0.050)	(0.050)	(0.051)
住房面积	0.111***	0.105***	0.092***
	(0.023)	(0.023)	(0.024)
社区品质	0.091***	0.069***	0.063***
	(0.013)	(0.013)	(0.014)

续　表

变　量	模型(8)	模型(9)	模型(10)
房价涨幅	−0.215	−0.384	−0.456*
	(0.271)	(0.272)	(0.272)
年龄		−0.047***	−0.046***
		(0.005)	(0.006)
年龄的平方		0.000***	0.000***
		(0.000)	(0.000)
性别		−0.139***	−0.133***
		(0.029)	(0.029)
婚姻状况		0.368***	0.343***
		(0.039)	(0.040)
教育程度		0.015**	0.012*
		(0.007)	(0.007)
政治面貌		0.205***	0.201***
		(0.038)	(0.038)
户口		0.106***	0.100***
		(0.034)	(0.036)
个人年收入		0.067***	0.054***
		(0.017)	(0.018)
工作状况		−0.012	−0.019
		(0.035)	(0.035)
职业类型		0.044*	0.039
		(0.024)	(0.024)
家庭规模			0.019
			(0.012)
家庭总收入			0.034***
			(0.012)
父亲的教育程度			0.004
			(0.008)
母亲的教育程度			0.008
			(0.010)

变 量	模型(8)	模型(9)	模型(10)
父亲的职业类型			0.032
			(0.024)
母亲的职业类型			0.017
			(0.027)
观测值	6 455	6 442	6 442
伪 R^2	0.008 99	0.030 8	0.032 4
对数似然值	−7 079	−6 906	−6 895
卡方(χ^2)	119.4	437.2	454.7

注：① 括号内为稳健性标准误。
② ***，**，*分别表示该系数在1‰、5‰、10‰水平上显著。

表6-3是以居民主观幸福感作为因变量的回归结果，可以看出，模型(8)、(9)和(10)中家庭住房产权、房屋套内面积和房屋所在的社区品质三个变量的回归系数均为正，说明拥有住房产权可以明显增强居民的主观幸福感，研究假设H_1得到验证。而且房屋套内面积越大、社区品质越高级，居民的主观幸福感就越强。而地区房价涨幅对于居民幸福感的影响为负，尤其在模型(10)控制了家庭特征变量以后系数变得显著，这说明在考虑家庭特征后房价涨幅显著降低了居民的主观幸福感。

模型(9)和(10)揭示了居民个人和家庭特征对居民主观幸福感的影响：年龄与居民主观幸福感为"U"形关系，即中年人的幸福感要低于年轻人和老年人，已婚人群拥有更高的主观幸福感，女性普遍比男性拥有更高的主观幸福感，非农户口居民比农业户口居民拥有更高的幸福感，受教育程度越高、个人收入越高的人具有越高的幸福感，但是否工作和职业类型对居民幸福感的影响并不显著，党员拥有更高的主观幸福感。同时，家庭特征除了家庭总收入之外，家庭规模、父母的教育程度和职业类型对个人的幸福感影响均不显著。

（二）住房所有权、住房条件对居民政治参与度的影响

表6-4是以政治参与度作为因变量的回归结果，模型(11)只加入住房

产权、住房条件和地区房价水平等关键变量的检验结果显示,拥有住房产权和房屋所在社区的品质越高级,越能够显著提高居民的政治参与度,而房价涨幅高的地区,居民的政治参与度也越高;不考虑居民的个人和家庭特征时,住房套内面积对居民政治参与度没有显著影响,但考虑了居民的个人和家庭特征后,住房面积显著提升了居民的政治参与积极性,研究假设 H_2 得到验证。此外,房价涨幅高的地区,居民的政治参与度越高,则说明了住房消费品的价值越高,居民越倾向于参与政治以表达及维护自己的权益。模型(12)和模型(13)进一步加入个人特征和家庭特征控制变量的回归结果显示,居民个人和家庭特征对于居民政治参与度的影响为:居民的年龄与其社区政治参与度为倒"U"形关系,相比年轻人和老年人,中年人的社区政治参与度更高;已婚和非农户口的人群拥有更高的政治参与度;而母亲的受教育程度越高,会提高个人的政治参与度;家庭收入水平和父亲的职业类型对个人参与政治的积极性有显著的副作用,说明家庭背景也会影响个人的政治参与积极性。

表 6-4　住房所有权、住房条件对居民政治参与度的影响

变　量	模型(11)	模型(12)	模型(13)
住房产权	0.382***	0.320***	0.316***
	(0.062)	(0.063)	(0.063)
住房面积	0.026	0.050*	0.061**
	(0.028)	(0.029)	(0.030)
社区品质	0.035**	0.051***	0.049***
	(0.016)	(0.016)	(0.016)
房价涨幅	2.195***	2.242***	2.266***
	(0.314)	(0.318)	(0.319)
年龄		0.043***	0.049***
		(0.006)	(0.007)
年龄的平方		−0.000***	−0.000***
		(0.000)	(0.000)
性别		0.029	0.029
		(0.035)	(0.035)

续 表

变　　量	模型(11)	模型(12)	模型(13)
婚姻状况		0.122***	0.124***
		(0.046)	(0.047)
教育程度		0.009	0.004
		(0.008)	(0.009)
政治面貌		−0.013	−0.005
		(0.048)	(0.048)
户口		0.082*	0.042
		(0.042)	(0.043)
个人年收入		−0.025	−0.028
		(0.019)	(0.020)
工作状况		0.066	0.069
		(0.043)	(0.043)
职业类型		−0.050	−0.048
		(0.033)	(0.033)
家庭规模			0.009
			(0.015)
家庭总收入			0.000
			(0.012)
父亲的教育程度			0.007
			(0.009)
母亲的教育程度			0.026**
			(0.012)
父亲的职业类型			−0.084***
			(0.029)
母亲的职业类型			−0.035
			(0.033)
观测值	6 077	6 065	6 065
伪 R^2	0.012 0	0.057 0	0.059 4
对数似然值	−3 966	−3 778	−3 769
卡方(χ^2)	92.63	425.3	446.9

注：① 括号内为稳健性标准误。

② ***，**，*分别表示该系数在1%、5%、10%水平上显著。

（三）住房所有权、住房条件对居民社区归属感的影响

表6-5是以社区归属感作为因变量的回归结果。其中，模型(14)的结果显示，是否拥有住房产权、套内面积以及居住的社区品质都对居民的社区归属感有显著影响，有房屋产权和较大的住房面积均显著增强了居民的社区归属感，研究假设 H_3 得到验证。在没有控制个人特征和家庭特征时，社区品质对居民社区归属感的影响显著为负，这说明如果不考虑人群特征，越是高端的社区，居民之间的陌生感越强。此外，与政治参与度类似的是，房价涨幅越大，越能提升居民对于社区的归属感。究其原因可能在于，随着房价的上涨，社区内更有可能形成一个相应的"房价利益共同体"，进而推动社区内部成员的彼此交流。而模型(15)和模型(16)在分别控制了个人和家庭特征后显示，社区品质对个人的社区归属感的影响却为不显著的正效应，即在考虑居民的群体特性后，社区品质对居民的社区归属感的影响不再显著。影响居民社区归属感的住房特征主要是住房产权和套内面积。模型(15)和模型(16)揭示了居民个人和家庭特征对于居民社区归属感的影响：年龄与社区归属感之间呈现倒"U"形关系，中年人的社区归属感要高于年轻人和老年人；已婚人群拥有更高的社区归属感；受教育程度越高、收入越高、从事非农工作的人群的社区归属感越弱；家庭收入和父母受教育程度越高的群体，社区归属感也越低。这些结论反映出一个基本的常识：条件越好的居民与社区居住群体之间的陌生感越强。

表6-5　住房所有权、住房条件对居民社区归属感的影响

变　　量	模型(14)	模型(15)	模型(16)
住房产权	0.270***	0.261***	0.262***
	(0.047)	(0.048)	(0.048)
住房面积	0.212***	0.200***	0.167***
	(0.022)	(0.022)	(0.023)
社区品质	−0.033***	0.009	0.011
	(0.012)	(0.013)	(0.013)
房价涨幅	0.862***	1.053***	1.098***
	(0.258)	(0.258)	(0.259)

续　表

变　量	模型(14)	模型(15)	模型(16)
年龄		0.033***	0.031***
		(0.005)	(0.005)
年龄的平方		−0.000***	−0.000***
		(0.000)	(0.000)
性别		0.024	0.017
		(0.027)	(0.027)
婚姻状况		0.157***	0.110***
		(0.037)	(0.038)
教育程度		−0.045***	−0.035***
		(0.007)	(0.007)
政治面貌		0.037	0.038
		(0.036)	(0.037)
户口		−0.068**	−0.025
		(0.033)	(0.034)
个人年收入		−0.111***	−0.095***
		(0.016)	(0.017)
工作状况		−0.102***	−0.094***
		(0.033)	(0.033)
职业类型		0.015	0.019
		(0.024)	(0.024)
家庭规模			0.065***
			(0.012)
家庭总收入			−0.031***
			(0.010)
父亲的教育程度			−0.013*
			(0.007)
母亲的教育程度			−0.022**
			(0.009)
父亲的职业类型			0.019
			(0.022)

续　表

变　量	模型(14)	模型(15)	模型(16)
母亲的职业类型			0.037
	0.270***	0.261***	0.262***
观测值	6 468	6 453	6 453
伪 R^2	0.008 93	0.040 9	0.044 1
对数似然值	−9 290	−8 970	−8 940
卡方(χ^2)	160.7	735.8	790.9

注：① 括号内为稳健性标准误。
　　② ***，**，*分别表示该系数在1％、5％、10％水平上显著。

(四) 住房所有权、住房条件对家庭财富的影响

表6-6是以家庭财富作为因变量的回归结果,与研究假设 H_4 相一致,即住房产权和住房条件都显著提升了居民对于家庭经济地位的认同,但房价涨幅会显著弱化居民的这一认同。这深刻说明了,尽管房价的上涨有助于拥有住房产权的个人及家庭的财富积累,但同时也可能引发居民对不确定性的恐惧感,尤其是对于一套房及无房群体而言。这也说明了应该进一步关切到不同住房产权群体的内部差异,因此,后文将进行相应的异质性分析。模型(18)和模型(19)揭示了居民个人和家庭特征对于居民家庭财富的影响:年龄与家庭财富呈倒"U"形关系,说明中年人对于家庭经济地位的认同要低于年轻人和老年人;男性对家庭财富的地位认同要低于女性;已婚、党员、教育程度高、拥有本地户口、高工资收入和任职于声誉较高的职业的人群,拥有的家庭财富地位认同较高,且较好的家庭背景同样显著提升了个人的家庭财富认同。

表6-6　住房所有权、住房条件对家庭财富的影响

变　量	模型(17)	模型(18)	模型(19)
住房产权	0.424***	0.397***	0.370***
	(0.049)	(0.050)	(0.050)

续　表

变　量	模型(17)	模型(18)	模型(19)
住房面积	0.348***	0.387***	0.397***
	(0.024)	(0.024)	(0.026)
社区品质	0.141***	0.089***	0.077***
	(0.013)	(0.014)	(0.014)
房价涨幅	−0.510*	−0.824***	−1.039***
	(0.277)	(0.279)	(0.281)
年龄		−0.036***	−0.035***
		(0.005)	(0.006)
年龄的平方		0.000***	0.000***
		(0.000)	(0.000)
性别		−0.102***	−0.090***
		(0.029)	(0.029)
婚姻状况		0.214***	0.204***
		(0.039)	(0.040)
教育程度		0.035***	0.023***
		(0.007)	(0.007)
政治面貌		0.090**	0.077*
		(0.040)	(0.040)
户口		0.114***	0.083**
		(0.034)	(0.036)
个人年收入		0.248***	0.202***
		(0.019)	(0.019)
工作状况		0.047	0.018
		(0.035)	(0.035)
职业类型		0.121***	0.109***
		(0.026)	(0.027)
家庭规模			−0.042***
			(0.012)
家庭总收入			0.138***
			(0.013)

续　表

变　　量	模型(17)	模型(18)	模型(19)
父亲的教育程度			0.001
			(0.008)
母亲的教育程度			0.021**
			(0.010)
父亲的职业类型			0.058**
			(0.024)
母亲的职业类型			0.026
			(0.027)
观测值	6 414	6 403	6 403
伪 R^2	0.036 2	0.088 3	0.104
对数似然值	−6 648	−6 278	−6 173
卡方(χ^2)	493.6	1 094	1 179

注：① 括号内为稳健性标准误。
　　② ***，**，*分别表示该系数在1%、5%、10%水平上显著。

三、住房消费分层与阶层认同的纵向比较

前文从消费分层视角分析了住房产权和住房条件对居民阶层认同的影响差异,发现住房产权和住房条件与居民的阶层认同密切相关,居民拥有住房产权以及住房条件越好,其阶层地位认同越高。从住房的居住、权利、社会和投资属性出发的分析,也验证了本章关于是否拥有产权以及住房的具体条件对于居民主观幸福感、政治参与度、社区归属感、家庭财富影响的研究假设。与此同时,需要进一步指出的是,住房产权及住房面积的不同从实质上分割出不同的住房消费阶层。因此,在本章的研究中,还有必要进一步考察不同住房消费层级的居民在阶层认同上的差异,以进一步拓展研究的深度。

（一）住房产权分层对居民阶层认同的影响

住房消费分割出的不同阶层首先体现于家庭在房屋产权方面的差异,因此这里对无房、仅有一套房和拥有多套房的家庭进行分析,具体结果如表

6－7所示。表6－7中模型(20)、(21)和(22)分别对不同产权家庭进行了检验,从回归系数可以发现,在控制个人特征和家庭特征等控制变量后,在概率上,无房家庭的阶层自我认同要远低于有房家庭,一套房家庭的阶层自我认同要低于多套房家庭。这一结果更加直接地说明了住房产权加速了阶层分化,相比多套房家庭,无房家庭和一套房家庭的阶层自我认同更低,而住房条件对于阶层分化的影响大致相当。

表6－7　住房产权分层群体的阶层认同差异

变　　量	模型(20)	模型(21)	模型(22)
无房(相比有房)	−0.196***		
	(0.049)		
一套房(相比无房和多套房)		−0.098***	
		(0.030)	
多套房(相比无房和一套房)			0.083***
			(0.012)
住房面积	0.219***	0.239***	0.227***
	(0.023)	(0.023)	(0.023)
社区品质	0.044***	0.043***	0.040***
	(0.013)	(0.013)	(0.013)
房价涨幅	−0.797***	−0.816***	−0.787***
	(0.256)	(0.256)	(0.256)
年龄	−0.023***	−0.022***	−0.023***
	(0.005)	(0.005)	(0.005)
年龄的平方	0.000***	0.000***	0.000***
	(0.000)	(0.000)	(0.000)
性别	−0.155***	−0.156***	−0.159***
	(0.027)	(0.027)	(0.027)
婚姻状况	0.238***	0.237***	0.240***
	(0.037)	(0.037)	(0.037)
教育程度	0.030***	0.030***	0.029***
	(0.007)	(0.007)	(0.007)

续　表

变　　量	模型(20)	模型(21)	模型(22)
政治面貌	0.076**	0.079**	0.078**
	(0.037)	(0.037)	(0.037)
户口	0.114***	0.125***	0.122***
	(0.032)	(0.032)	(0.032)
个人年收入	0.154***	0.150***	0.145***
	(0.016)	(0.016)	(0.016)
工作状况	0.012	0.001	0.001
	(0.033)	(0.033)	(0.033)
职业类型	0.065***	0.065***	0.062**
	(0.024)	(0.024)	(0.024)
家庭规模	−0.030***	−0.026**	−0.028***
	(0.011)	(0.011)	(0.011)
家庭总收入	0.076***	0.078***	0.074***
	(0.012)	(0.012)	(0.012)
父亲的教育程度	0.005	0.005	0.004
	(0.007)	(0.007)	(0.007)
母亲的教育程度	0.021**	0.020**	0.019**
	(0.009)	(0.009)	(0.009)
父亲的职业类型	0.007	0.005	0.005
	(0.022)	(0.022)	(0.022)
母亲的职业类型	0.029	0.028	0.028
	(0.025)	(0.025)	(0.025)
观测值	6 384	6 384	6 384
伪 R^2	0.038 6	0.038 3	0.040 0
对数似然值	−11 071	−11 075	−11 055
卡方(χ^2)	819.8	807.5	847.1

注：① 括号内为稳健性标准误。
　　② ***,**,*分别表示该系数在1%、5%、10%水平上显著。

（二）住房面积分层对居民阶层认同的影响

住房面积是另一个能够充分体现住房消费阶层差异的重要且明确指

标。基于此,本研究特选取了 2015 年 CGSS 调查问卷中的家庭人均住房面积作为居民住房消费的主要代表性变量,进而对不同住房消费层级的居民群体在阶层认同方面的差异性进行对比分析。具体而言,按家庭人均住房面积从低到高将居民住房消费划分为较低住房消费群体、中等住房消费群体和较高住房消费群体 3 个样本量相等的层级(见表 6 - 8),其对应的阶层认同均值分别为 4.220、4.566 和 4.599,这直观反映出住房消费层级越高的家庭对应的阶层认同也越高,即初步验证了住房消费层级对居民阶层认同的影响。

表 6 - 8　住房消费分层基本描述性统计

住房消费层级	家庭人均住房面积均值(平方米)	标准差	家庭人均住房面积区间(平方米/人)	对应的阶层认同均值
较低住房消费群体	17.621	5.51	5.67~25	4.220
中等住房消费群体	33.088	4.629	25.33~42	4.566
较高住房消费群体	73.809	34.88	42.05~200	4.599

注:为克服调查数据中可能存在的奇异值,这里对家庭平均住房面积数据进行了上下 1% 的缩尾处理。

为了进一步比较不同住房消费分层群体的阶层认同差异,本研究又分别针对三类住房消费群体进行了回归分析,结果如表 6 - 9 所示。表 6 - 9 中模型(23)、(24)和(25)分别对不同住房消费群体进行了检验,可以看出,在控制个人特征和家庭特征等控制变量后,较低住房消费群体的阶层认同要明显低于中等和较高住房消费群体(回归系数为 -0.24),较高住房消费群体的阶层认同要明显高于较低和中等住房消费群体(回归系数为 0.21),这进一步说明住房属性引致的不同住房消费层级群体之间存在显著的阶层认同差异。结合表 6 - 7 不难发现,住房消费分层与居民的阶层主观认同之间存在着高度的同一性,这也进一步论证了前文所提及的论点——住房消费作为社会分层的重要指标而存在,即消费分层的视域下,住房产权以及住房属性所衍生出的住房消费差异,不仅在客观上形成了社会的阶层分化,而且在主观上影响了居民的阶层认同。

表6-9　不同住房消费分层群体的阶层认同差异

变　　量	模型(23)	模型(24)	模型(25)
住房产权	0.225 ***	0.265 ***	0.239 ***
	(0.049)	(0.049)	(0.049)
较低住房消费群体	−0.240 ***		
（相比中等和较高住房群体）	(0.030)		
中等住房消费群体		0.033	
（相比较低和较高住房群体）		(0.028)	
较高住房消费群体			0.210 ***
（相比较低和中等住房群体）			(0.030)
社区品质	0.044 ***	0.047 ***	0.045 ***
	(0.013)	(0.013)	(0.013)
房价涨幅	−0.854 ***	−0.861 ***	−0.932 ***
	(0.256)	(0.257)	(0.256)
年龄	−0.022 ***	−0.023 ***	−0.023 ***
	(0.005)	(0.005)	(0.005)
年龄的平方	0.000 ***	0.000 ***	0.000 ***
	(0.000)	(0.000)	(0.000)
性别	−0.154 ***	−0.158 ***	−0.154 ***
	(0.027)	(0.027)	(0.027)
婚姻状况	0.245 ***	0.247 ***	0.266 ***
	(0.037)	(0.037)	(0.037)
教育程度	0.029 ***	0.029 ***	0.030 ***
	(0.007)	(0.007)	(0.007)
政治面貌	0.082 **	0.090 **	0.084 **
	(0.037)	(0.037)	(0.037)
户口	0.103 ***	0.096 ***	0.117 ***
	(0.032)	(0.032)	(0.033)
个人年收入	0.151 ***	0.148 ***	0.150 ***
	(0.016)	(0.016)	(0.016)
工作状况	0.004	−0.001	−0.001
	(0.033)	(0.033)	(0.033)

续　表

变　　量	模型(23)	模型(24)	模型(25)
职业类型	0.070 ***	0.079 ***	0.075 ***
	(0.024)	(0.024)	(0.024)
家庭规模	0.029 **	−0.006	0.026 **
	(0.011)	(0.011)	(0.012)
家庭总收入	0.077 ***	0.077 ***	0.078 ***
	(0.012)	(0.012)	(0.012)
父亲的教育程度	0.005	0.004	0.004
	(0.007)	(0.007)	(0.007)
母亲的教育程度	0.019 **	0.016 *	0.020 **
	(0.009)	(0.009)	(0.009)
父亲的职业类型	0.011	0.018	0.014
	(0.022)	(0.022)	(0.022)
母亲的职业类型	0.034	0.049 **	0.036
	(0.025)	(0.025)	(0.025)
观测值	6 386	6 386	6 386
伪 R^2	0.037 4	0.034 7	0.036 7
对数似然值	−11 090	−11 121	−11 098
卡方(χ^2)	799.9	748	788.6

注：① 括号内为稳健性标准误。
　　② *** ， ** , * 分别表示该系数在 1%、5%、10%水平上显著。

四、住房条件对阶层上升期望的影响

　　考虑到消费结果的反馈,并不仅仅局限于居民的自我阶层地位认同,因此本章还试图进一步探讨住房消费影响下,居民的同龄人之间比较认同以及对未来的社会阶层期望问题。因此,这里引入同龄人之间的自我认同和未来社会阶层上升期望等相应变量作为因变量,利用被调查人关于"与同龄人相比,您本人的社会经济地位怎样"(较低＝1;差不多＝2;较高＝3)和"您认为自己 10 年后将处于哪个等级上"(最底层赋值为 1;最顶层赋值为 10)的回答,作为其在同龄人之间的阶层认同和未来阶层上升期望的代理变量,同样采用有序概率模型进行估计,探讨住房所有权、住房条件对居民在同龄人中的自我认同和阶层上升期望的影响,同时控制了地区固定效应和区域内组内异方差,结果如表6-10所示。

表6-10 住房条件对阶层上升期望的影响

变 量	同龄人之间的阶层自我认同			10年后的阶层自我认同		
	模型(26)	模型(27)	模型(28)	模型(29)	模型(30)	模型(31)
住房产权	0.253***	0.219***	0.208***	0.056	0.108**	0.092*
	(0.054)	(0.055)	(0.056)	(0.050)	(0.050)	(0.050)
住房面积	0.286***	0.317***	0.325***	0.172***	0.163***	0.158***
	(0.026)	(0.027)	(0.028)	(0.023)	(0.023)	(0.024)
社区品质	0.123***	0.076***	0.070***	0.074***	0.033**	0.026**
	(0.014)	(0.015)	(0.015)	(0.012)	(0.013)	(0.013)
房价涨幅	−0.509*	−0.861***	−1.007***	−0.559**	−0.769***	−0.868***
	(0.298)	(0.300)	(0.301)	(0.267)	(0.263)	(0.264)
年龄		−0.036***	−0.038***		−0.066***	−0.064***
		(0.006)	(0.006)		(0.005)	(0.005)
年龄的平方		0.000***	0.000***		0.001***	0.001***
		(0.000)	(0.000)		(0.000)	(0.000)
性别		−0.087***	−0.078**		−0.130***	−0.122***
		(0.031)	(0.032)		(0.027)	(0.027)
婚姻状况		0.212***	0.220***		0.208***	0.196***
		(0.042)	(0.044)		(0.036)	(0.037)
教育程度		0.042***	0.035***		0.011*	0.005
		(0.008)	(0.008)		(0.007)	(0.007)
政治面貌		0.098**	0.087**		0.102***	0.097***
		(0.042)	(0.043)		(0.036)	(0.036)
户口		−0.002	−0.003		0.010	−0.004
		(0.037)	(0.039)		(0.032)	(0.033)
个人年收入		0.232***	0.204***		0.118***	0.101***
		(0.020)	(0.020)		(0.016)	(0.016)

变 量	同龄人之间的阶层自我认同			10年后的阶层自我认同		
	模型(26)	模型(27)	模型(28)	模型(29)	模型(30)	模型(31)
工作状况		0.095**	0.074*		0.047	0.036
		(0.039)	(0.039)		(0.034)	(0.034)
职业类型		0.062**	0.053*		0.070***	0.064***
		(0.029)	(0.029)		(0.024)	(0.024)
家庭规模			−0.047***			−0.001
			(0.013)			(0.011)
家庭总收入			0.082***			0.049***
			(0.014)			(0.012)
父亲的教育程度			−0.006			−0.001
			(0.008)			(0.007)
母亲的教育程度			0.009			0.022**
			(0.011)			(0.009)
父亲的职业类型			0.052**			0.015
			(0.026)			(0.023)
母亲的职业类型			0.054*			0.031
			(0.029)			(0.025)
观测值	6 425	6 412	6 412	6 077	6 065	6 065
伪 R^2	0.026 4	0.075 7	0.083 2	0.004 80	0.036 2	0.037 9
对数似然值	−5 105	−4 839	−4 800	−12 227	−11 817	−11 797
卡方(χ^2)	249.8	720.5	765.8	109.4	846.9	889.4

注：① 括号内为稳健性标准误。
　　② ***，**，*分别表示该系数在1%、5%、10%水平上显著。

表6-10的回归结果显示,拥有住房产权和更好的住房条件都会显著提高居民在同龄人之间的阶层自我认同以及未来阶层的上升期望,且模型(28)显示,以上两个条件对居民当前在同龄人之间的自我阶层认同的影响要远高于表6-2基准回归中对于个人阶层自我认同的影响。这一结果表明,一方面,住房产权和住房条件对于个人阶层认同的影响,在很大程度上是通过同龄人之间的阶层自我认同比较所反映的;另一方面,也揭示出住房

产权和住房条件不仅影响个人当前的自我阶层认同,还会影响个人对于自身未来阶层认同的认知,即影响了个人对于自身未来阶层的上升期望。

第五节　本章小结

一、研究结论

本章将住房纳入消费分层的研究视域,采用理论和实证相结合的方法,基于 CGSS 2015 年的数据,实证分析了住房的消费品价值——住房所有权与住房条件——对居民阶层地位认同的影响。研究发现,住房作为城市居民最重要的消费品,其特有的消费品属性——住房产权和住房条件均对居民的阶层认同产生了显著的影响,即拥有住房产权能够增强居民的阶层认同,且住房面积越大、社区品质越好的居民,拥有越高的阶层地位认同,住房成为识别社会阶层特征的重要因素。相较于以往对于住房所有权与条件差异的研究更多着眼于经济效应,比如住房私有化引起的社会财富差异等,本研究重点分析其对居民阶层地位认同这一社会效应的影响,从而扩展了该领域的研究范畴。

正如既有研究所指出的那样,消费(包括但不限于住房)已然成为识别社会阶层分化与认同的重要指标。为了进一步明晰住房所有权、住房条件差异等消费品属性对居民阶层地位认同的内在影响机制,本研究依次从住房的居住、权利、归属、投资四类消费品属性出发,梳理出其影响居民主观幸福感、社区归属感、政治参与度和财富积累的主要机制,并进行了系统性实证检验。从具体影响机制来看,在住房条件对于阶层认同的影响路径中,住房的居住、权利、归属、投资属性都起着部分中介变量的作用,即住房产权的获得、住房条件的差异本身对于个人阶层认同具有直接作用,同时住房具有的消费品属性加强了这种作用,正是与住房息息相关的各种消费品属性使其成为阶层认同的重要影响因素。此外,无论是住房产权还是住房面积所体现出的住房消费分层,与居民的主观阶层认同之间都表现出高度的同一性,这也佐证了本研究所秉持的论点——住房已然成为消费分层视域下的重要指标而存在。进一步的分析还发现,住房产权和住房条件对于个人阶层认同的影响在很大程度上是通过同龄人之间的阶层自我认同比较反映的,并且影响了个人对于自身未来阶层的上升期望。

遵循西方消费分层研究的理论基础,本研究提出了以消费影响社会分层的实现过程,即将其分为消费资格获得、消费品价值兑现以及消费结果反馈三个具体阶段,作为指导本章实证分析的框架。本章的实证研究也进一步证明了,住房消费对个人阶层地位认同的影响正是沿着上述三个阶段的展开而实现的。首先,在消费资格获得阶段,消费者身份角色的差异将会极大地影响其最终的阶层地位认同,具体表现为多套住房产权拥有者、一套住房产权拥有者与无住房产权拥有者之间的阶层地位认同差异;其次,在本章重点探索的消费品价值兑现阶段——住房消费以何种机制对阶层地位认同产生影响的问题上,本章所构建的住房消费品四类基本属性的影响机制也在实证中得到验证。这说明了消费分层是透过消费品的具体属性的价值兑现而实现的。因此,从某种意义上可以说,本研究为后续的消费分层研究提供了一条可供借鉴的范式路径,即从消费者的身份角色出发,阐释消费品的诸多属性(包括但不限于本研究所涉及的四类属性)的价值兑现过程,并最终探讨其对个人社会分层的影响。

二、政策启示

回到住房消费与个人阶层地位认同的问题本身,本章就住房所有权、住房条件差异对个人阶层地位认同进行的理论和实证分析,有助于进一步加深对住房私有化改革和房价高涨背后的社会阶层固化问题及其负面效应的理解。虽然住房私有化改革极大地改善了中国居民家庭的住房条件,但是随着过去 30 多年中国住房属性的嬗变,住房的消费品属性所带来的社会不平等依旧存在,且这种不平等随着房价的上涨及其区域差异(即使是在城市内部)的拉大,产生了不容忽视的负面社会效应。因此,本章的研究对于城市住房问题有着现实的启示意义。

首先,我国城市化的推进和家庭住房自有率大幅度提升的同时,住房的消费品属性,依旧是与社区紧密捆绑在一起的。这一点在中国的社会治理单元由单位转向社区的背景下,无疑对政府的城市住房政策提出了更高的要求,不仅需要推广改善居民的住房条件、淡化城市内部不同社区之间基本公共服务差异,从而提升居民的幸福感、参与感和归属感的"治标之策";更需要进一步加大民生投入,扩大城市公共服务的供给,实现公共服务均等化等"治本之策"的实现。

其次,由于居住空间与阶层地位认同之间互相印证,个体也就获得了跨越阶层,去追逐更大、更好、更多住房的动力(闵学勤,2012),这也是支撑当前房价过快增长的背后逻辑之一。因此,政府需要进一步强调住房的居住属性,稳定房价,以期正确引导城市居民的购房需求,消弭其不适宜的阶层认知与预期。

最后,既有研究显示,是否拥有产权比拥有什么样的产权对于提升居民未来阶层上升期望更有意义。令人遗憾的是,本研究进一步发现拥有多套住房产权的居民未来上升期望更大,这说明了从房产中获得投资收益的群体,其阶层地位上升期望会得到提升,但同时也导致"房奴""接盘侠"等住房刚需群体对自身未来阶层地位的消极认知。因此,建立起更加公平的住房获取及获利政策是解决住房带来的阶层分化的重要任务。对政府而言,一方面需要提供更多住房福利政策,使低收入群体更可能拥有住房,或使各阶层群体拥有更高质量的住房,以缩小社会阶层之间的落差,缓解各阶层的冲突;另一方面,更需要着手建立合理的房地产投资渠道和房产增值的分配体系,以缓解住房不平等引起的社会阶层固化问题,如加快建立房地产信托投资基金(REITs),提供有效合理的住房投资渠道;在开征房地产税之前,建立完善的房地产税抵扣和使用方案,在全社会范围内合理分配房地产价值上升带来的收益;等等。

第七章

住房条件、住房财富与
居民主观幸福感

第一节　引　言

一、本章研究问题

住房作为城市居民衣食住行当中的重要一环,与人们的日常生活息息相关。高质量、舒适和可负担的住房不仅能提升居民的生活满意度[①],还可以促进就业、增强个人生活的丰富度,使人们能够过上健康且有尊严的生活。根据阿玛蒂亚·森(2002)在其《以自由看待发展》中提出的"可行能力"(capability)框架,住房在满足基本居住需求的同时,与周围环境一起为我们提供了一系列的自由和机会,而这些自由和机会与居民主观幸福感密切相关。

过去 30 多年间,中国的房地产市场突飞猛进。自 20 世纪 90 年代实施城镇住房改革以来,中国已经从先前由政府主导和资助的福利住房体系转变为如今由市场主导的商品住房体系。住房被认为是日常生活的基本需求之一,但对绝大多数个人和家庭而言,也是家庭的大笔支出之一。统计数据显示,全国房价在 2007—2014 年间实现翻番(Chivakul et al.,2015),而一线城市 2003—2013 年间的房价年均复合增长率更高达 13.1%(Fang et al.,2016)。经历了 30 余年快速增长的中国经济和房地产市场,是关于住房条件和居民幸福感研究领域内非常有意思的情境。拥有房产是中国人千百年来实现"安居乐业"目标的重要标志。也因此,国人不吝于在此花费大量精

[①] 需要指出的是,本研究中使用的"生活满意度"(英文为 life satisfaction)、"主观幸福感"(英文为 subjective well-being 或 happiness)以及总体满意度(overall happiness)三者的含义基本相同。

力和财力。尽管价格飞涨，但或许是因为传统的"安居乐业"观念的影响，中国家庭更倾向于拥有房产，不吝将毕生积蓄花在购置不动产上。中国家庭金融调查的数据显示，中国城市居民拥有房产的比例高达90%，房产占家庭财富的比例高达近66%，因此，房价飞涨很可能对中国居民的主观幸福感产生影响[①]（Flavin and Yamashita，2011）。

房价飞涨和住房条件不均等的日益凸显，愈发引人关注，这种不均等不仅在于住房自身的条件和市场价值，也在于拥有房产所带来的生活满意度这一非市场价值（Piekałkiewicz，2017）。Florida 等（2013）认为，人们在住房上的高满意度来自住房更易获得、更能承担的区域。住房政策的关键点之一就是要提升个人的生活满意度（Clapham，2010）。因此，住房政策要想收到实效，在政策制定前必须对家庭整体生活满意度的决定因素有充分的了解，尤其是住房条件可能产生的影响。

基于以上逻辑，本章的研究旨在探讨住房条件和住房价值如何影响中国城市居民的住房满意度和个人的整体幸福感。本章的主要研究动机在于，一方面，自20世纪90年代实施城镇住房改革以后，中国房地产市场经历了快速的发展，人们对于住房的需求弹性出现了显著分化；另一方面，虽然国内外学者开始关注中国经济转型发展下居民个人幸福感的情况，但关于住房条件和住房满意度的研究相对缺乏，尤其是中国传统文化强调诸如"安居乐业"的观念，住房往往是人们实现美好生活的必要条件。

二、本章内容安排

为弥补以上研究不足，本研究将分别基于2006年中国综合社会调查（CGSS）[②]和2011年中国家庭金融调查（CHFS）[③]等数据，采用有序概率模型，研究住房条件和住房价值对于居民主观幸福感的影响。本研究与以往研究的不同点主要体现在以下四个方面。首先，关于住房条件的影响。相比以

---

① 实际上，房价飞涨意味着家庭财富的积累以及分配的改变，因此对自有住房家庭的影响是多方面的。
② 该调查由中国人民大学社会学系和香港科技大学社会科学部共同完成。尽管这一调查在2008年、2010年和2013年以及之后又做了几次，但目前只有2006年的调查问卷包含了本研究关注的住房条件相关内容。
③ 该调查在2011年之后又进行了若干次，但在本研究开展阶段，只有2011年的数据是公开可用的。

往的研究,本研究不只看居民的整体幸福感,还考察了居民的住房满意度。其次,以往研究在探讨住房设施如何影响居民住房满意度这一问题时,往往只关注一个城市或一片区域,但本研究的范围扩展至全国的大部分城市区域。再次,通过对各类不同人群(按年龄、收入等分组)的住房条件影响进行研究,可为政策制定者提供更精准的政策建议。现有研究中多多少少有类似的做法,但在细节上都有些不足。据笔者所知,尚未有前人做过如此研究,即采用货币等值分析法来估算住房面积增加(如每增加 1 平方米)的边际货币价值。最后,本章还分析了住房市值变化对于居民主观幸福感的影响,这对于直观理解房价快速上涨的背景下,住房产生的社会效应具有重要意义。

本章接下来的内容安排如下:第二节是相关理论分析;第三节包含了研究中所使用的问卷和变量说明,以及初步的数据描述性统计,并列举了计量模型和估计方法;第四节阐述了主要的研究结果;第五节为本章小结。

第二节　住房条件、住房财富与
主观幸福感的理论分析

关于中国居民整体幸福感的研究文献比较有限,且多关注于寻找影响整体幸福感的决定因素,而非研究某个具体因素(比如住房条件)的影响途径。而关于拥有房产与居民主观幸福感之间的关系,多数研究集中在特殊住房条件(如居住标准、房间数等)的影响上(Knight et al.,2008;Knight and Gunatilaka,2010,2011;Chyi and Mao,2012;Hu,2013;Cheng et al.,2016)。但是,这些研究并未揭示在房价飞涨期间住房条件对个人主观幸福感的具体影响。对大多数家庭而言,房产既是消费品,也是作为固定财富的不动产。一般而言,住房条件越好、价格承受度越高,家庭幸福程度也越高(Florida,Mellander and Rentfrow,2013)。事实上,个人主观感受与是否拥有房产之间确实存在相关性:即便居住条件一致,租客的主观感受总体上不如有房者(Graham et al.,2009)。此外,拥有房产的意义,不仅在于拥有一处安身之所,更意味着从房产增值中获得经济收益的可能,而经济收益和主观幸福感之间也存在较强的联系(Dolan et al.,2008)。但就作为固定财富和资产的房产对居民主观幸福感有多大影响,人们还知之甚少(Zhang et al.,2018;Zhang and Zhang,2019)。

一、房屋产权与主观幸福感

近年来,各国关于幸福感决定因素的理论研究日渐丰富。其中,一些研究关注个人的整体幸福感或生活品质与住房满意度之间的关联性,还有一些研究探讨了住房所有权对居民整体幸福感,尤其是对居民住房满意度的影响。总的来说,大多数研究认为住房类型和房屋特征对居民住房满意度有显著影响,但对整体幸福感的影响并不明确。更一般地,Dolan 等(2008)回顾总结了前人研究中关于整体幸福感的若干决定因素[①],并发现了年龄和幸福感之间的"U"形曲线关系[②],认为已婚人士一般具有更高的幸福感。不论从相对意义还是绝对意义上看,随着教育程度和收入水平的提升,人们的幸福感往往越高(Cullis et al.,2011;Orviska et al.,2014)。

对于住房和幸福感的研究,Galster(1987)较早以 1980 年美国明尼阿波利斯地区房屋业主的数据为样本,研究了家庭住房满意度的决定因素,发现居住环境与其相关的满意度之间存在非线性关系。住房所有权与居民生活满意度之间联系的理论研究始于 20 世纪 90 年代。Rossi 和 Weber(2010)调查了美国居民的住房所有权与其社会互动之间的关系,发现有房群体总体上生活满意度更高,且更有自尊、更愿意积极参与社区事务。随后,Rohe and Basolo(1997)也发现,对美国的低收入群体而言,拥有房产对他们长期的自我认知和社区参与有着强烈的正面效应。最近,Clapham 等(2018)阐释了"拥有房产"一事是个人对其居住环境决策与责任的体现,而与房屋的物理属性无关。Herbers 和 Mulder(2017)研究了房屋所有权对欧洲老年人主观幸福感的影响,发现自有房屋的影响为正,但租房的影响为负。房屋所有权对居民主观幸福感的影响有两个维度:社会规范层面和地位商品层面

---

① 包括七大类:a. 收入;b. 个人特征;c. 社会发展特征;d. 时间分配;e. 对自身/他人/人生的态度与信念;f. 关系;g. 宏观政治经济社会环境。
② Diaz-Serrano(2009)则揭示了年龄与居住满意度之间的倒"U"形关系。

（彰显购买人的身份）（Foye et al.，2018）。在德国，Oswald 等（2003），Nakazato 等（2011）以及 Zumbro（2014）发现，房屋所有权对居民生活满意度存在边际正向影响，而对有房一族的影响更大。

此外，Elsinga 和 Hoekstra（2005）和 Diaz-Serrano（2009）针对欧盟国家的家庭样本进行实证研究表明，自有住宅对居民住房满意度的提升非常明显。特别地，部分研究从多个细分角度探究了房屋所有权与主观满意度之间的关系，这些角度包括参与社区活动（Kingston and Fries，1994；Rohe and Stegman，1994；Green，2001）、子女教育（Green and White，1997；Haurin，Parcel and Haurin，2002）、身体健康（Nettleton and Burrows，1998；Dunn，2000）、心理感受（Balfour and Smith，1996；Clapham，2010）、生活方式（Bucchianeri，2009）等。Dietz and Haurin（2003）概括了房屋所有权对若干个体和社会指标的影响，这些指标涵盖经济、社会、地理、政治、心理学等多个社会科学领域。

Hu（2013）和 Zhang 等（2018）研究了中国房屋所有权对个人主观幸福感的影响。李涛等（2011）、孙伟增和郑思齐（2013）以及 Cheng 等（2016）发现，不仅是房屋所有权，购置房屋的产权类型（如完全产权和部分产权）也对居民主观幸福感有显著影响。

二、住房条件与主观幸福感

近年来，有不少学者认为，与住房息息相关的住房满意度已成为与收入、个人特征、社会发展状况、时间支配、对自我/他人/生活的态度和信念、社会关系以及个人所处的经济、社会和政治环境等共同影响个人主观幸福感的重要因素。同时，考虑到住房成本越低、住房可负担性越强的地方，人们的幸福指数越高，可以将提高个人生活满意度作为住房政策实施效果评价的关键目标之一。住房政策要取得实效，政策判定者就需要充分了解居住群体的住房满意度和整体生活满意度，进而寻找住房影响个人总体生活满意度的机制。

其中，基于"住房满意度和住房条件是影响个人整体幸福感和生活品质的重要因素"这一前提，一些研究关注于住房条件对个人整体幸福感的影响。比如,Kahlmeier 等(2001)对于瑞士西北部的样本研究发现,个人感知的居住环境的改善,如邻里关系这一类的广义环境,对于提升个人整体幸福感的作用相当大。Oswald 等(2003)在对德国两处乡村地区的老年群体进行研究后发现,住房条件在居民生活满意度中扮演着重要角色。Elsinga 和 Hoekstra(2005)以及 Diaz-Serrano(2009)探究了住房所有权对个人整体幸福感的影响。Nakazato 等(2011)发现住房条件改善对个人整体幸福感的影响极小,但对住房满意度的影响则相当明显;他们还发现,住房满意度相比整体幸福感更稳定。此外,Azimi 和 Esmaeilzadeh(2017)基于伊朗大不里士的研究发现,住房类型和住房特征都会显著影响居民住房满意度。

国内关于整体幸福感和住房满意度的研究文献还相当有限。Ji 等(2002)利用 1993 年在上海和天津进行的"中国住房调查"相关结果,探究了影响中国城市已婚居民家庭幸福感的主要因素,发现以联系父母、亲戚和睦为代表的"家庭关系"是家庭幸福感的主要决定因子,也是传统孝道(家庭重于个人)的直接体现。随后,2002 年"中国家庭收入项目"的数据也被一些学者用于研究进城务工人员、农村和城市居民的整体幸福感(Knight et al.,2008;Knight and Gunatilaka,2010,2011),他们的主要研究结论包括,年龄和幸福感之间存在"U"形曲线关系,女性幸福感整体较高,已婚人群比离异/丧偶人群幸福感更高,健康和收入状况的改善也会带来生活满意度的提升,下岗失业对生活满意度则有负面影响。从很多方面来看,这些结论和发达国家的调查结果基本是一致的。Smyth 等(2010)和 Nielsen 等(2010)运用"个人幸福指数"分别分析了中国城市居民和失地农民的幸福感,考虑性别、年龄、收入等因素后,其结果和 Wang 和 Van der Weele(2011)的研究结果相似,但并未发现教育程度在其中有明显作用。Chyi 和 Mao(2012)关注中国老年群体,并发现身体健康和与孙辈同住对其幸福感有正面影响,但与子女辈居住的影响是负面的。

最近,一些学者开始关注国内居住特征和居民生活满意度之间的关系。Hu (2013)发现对中国城市居民尤其是女性而言,拥有房产对其住房满意度和整体幸福感的正面效应非常大。Cheng 等(2016)和 Huang 等(2015)的研究结果与之相类,再次强调了拥有房产对女性群体具有更加明显的正效应。

Huang 等(2015)认为拥有房产的影响可能来自业主对社区事务的更多参与以及子女就近入学更方便等所带来的更高归属感。除住房所有权之外,Ren 和 Folmer(2017)发现,居住品质、社区种类以及本地户口也对居民住房满意度有正面影响。现有研究也涵盖了居住设施对居民住房满意度的影响,但这些研究都只在市级层面上展开。例如,Tao 等(2014)以及 Lin 和 Li(2017)分别研究了住房条件对深圳和温州两地外来人口住房满意度的影响;Wang and Wang(2016)以北京为样本的研究发现,家庭特征与邻里关系会显著影响居民的住房满意度。

三、住房财富与主观幸福感

拥有房产是中国人实现千百年来"安居乐业"目标的重要标志。而购房的过程则是对国人精力和财力的双重考验(Zhang,Zhang and Hudson,2018)。Headey 和 Wooden(2004)以及 Clark 等(2008)的研究展示了拥有房产与主观幸福感/生活满意度之间的强相关性。房产价值的最直接体现自然是居住功能,但也有很多学者关注住房价值的"财富效应"研究(Frey and Stutzer,2002;Campbell and Cocco,2007;Gan,2010;Davies et al.,2011;Senik,2014;Zhang and Feng,2018)。这里主要通过以下三个方面来研究住房市场价值对于居民主观幸福感的影响,即住房所有权、房价涨幅和房贷。

根据 Searle 等(2009)基于英国的研究发现,房产价值与居民幸福感的关系,在很大程度上归结于居民的支付能力。因为住房支出是绝大部分个人和家庭最大的单项支出,不难推测,在住房选择性更大、更能承受的情况下,居民的幸福感就会越强。美国的相关研究的结论也是如此(Florida,Mellander and Rentfrow,2013)。但是,Rentfrow 等(2009)在美国州级层面上的研究表明,幸福感与房产价值中位数呈正相关关系。对于有房一族而言,房产价值和主观幸福感的关系也如此。相应地,对于没有自有房产的家庭或居民而言,房产价值和主观幸福感之间的关联性则主要靠财富驱动效应和其他效应来产生影响,其间或许存在因果关联(Ratcliffe,2010)。Hamoudi 和 Dowd(2014)对美国老年群体的研究得出了类似的结论,发现房产增值对主观幸福感的影响集中在自有住房的群体内,因为受财富驱动效应的影响,而对于租房群体就不是这样了。但是,Ratcliffe(2015)在英国的研究发现,不论是否拥有房产,房产价值和个人精神健康状态都呈正相关,这与纯粹的财富效应不相符;该研究认为,房产价值的高低反映了当地的设施便利度和经济活力。类似地,Foye(2017)的研究也表明,将居住空间大小作为住房财富的代理变量,可发现房产价值对英国人的生活满意度的影响是非常显著的。

与发达国家的房产价值与主观幸福感的相关研究相比,中国的相关研究较为缺乏。一方面,孙伟增和郑思齐(2013)的研究表明,房产价值和房价上涨对中国城市居民的幸福感有正面效应;另一方面,林江等(2012)以及Zhang 等(2015),还有 Tong 和 Xia(2018)等人也证明,房产价值及其升值期望与家庭的生活满意度之间存在明显的正相关关系。

房产作为家庭财产的重要形式之一,还可以通过其作为消费行为的财富效应,来影响家庭的主观幸福感,如 Muellbauer 和 Murphy(2008)以及 Case 和 Quigley(2008)分别研究了英国和美国的情况。理论上,如果一个家庭的主要债务是住房按揭贷款的话,那么房产倒更像是一种经济负担——人们会因为房贷限制了其他消费而感到主观幸福感的下降。不少学者试图通过实证来检验这一假说,如 Nettleton 和 Burrows(1998,2000)基于英国的情况,探究了抵押贷款是否对房主的心理健康产生独立的负面影响。Taylor 等(2007)也比较了英国不同房贷类型对其房屋所有者心理健康的影响,认为长期房贷压力和还款拖欠对居民的精神健康存在明显的不利影响。Becchetti 和 Pisani(2012)对具有相似教育程度和背景的意大利中学生的研究发现,他们家庭房贷的存在对生活满意度的影响是负面的。Andre 等(2017)发现,购房并不一定是家庭财产的储蓄池,在特定情形下(比如存在离婚纠纷的话),高额的月供反而是房主的负担,显著降低其生活满意度。

不过,当前的研究对于房贷和主观幸福感之间的结论并不一致,认为两者之间的关系有正有负。例如,Brown 等(2005)发现,在英国,相比于购房按揭(担保)贷款,非按揭(非担保)贷款对家庭心理健康的负面影响更大。关于房价在消费中的角色方面,Searle 等(2009)对英国的研究表明,拥有房贷并不一定意味着较低的生活满意度,具备高消费能力也不一定意味着高生活满意度,房贷和生活满意度之间不存在直接联系。国内关于房贷和主观幸福感关系的研究尚不多见。李涛等（2011）认为房贷对中国人的幸福感具有非常明显的负面影响。随后，Cheng 等（2016）探究了不同种类的房贷对于居民主观幸福感的影响，发现相比没有购房负债的房主，通过非正规金融渠道买房①的房主生活满意度更低。

第三节　本章使用的主要数据及其说明

本章的实证分析采用的数据包括两部分，分别是中国综合社会调查（CGSS）数据和中国家庭金融调查（CHFS）数据。

一、中国综合社会调查数据

中国综合社会调查是一次全国范围内针对居民生活现状的综合性社会调查。该数据来源于通过 4 个等级的分层抽样法选取的样本家庭：县区、镇街（行政建制镇/街道办事处）、村居（行政村/居民委员会）、家庭。受访者是随机抽取的年龄介于 18～69 周岁的家庭成员，且确保其受访时已经在现有住房内居住了至少一星期，或至少还会再住一星期。本章采用的 2006 年调查数据包含来自 28 个省区市②的 6 013 户城市居民家庭。排除了其中无效或未完成的问卷后，本研究选取了其中的 4 442 份有效问卷。

针对城市家庭的调查问卷包括的信息有：家庭成员（尤其是回答问卷者）的个人特征信息，如性别、年龄、民族、教育、婚姻状况、宗教信仰、就业等基本信息；家庭整体的特征信息，如家庭成员数目、家庭收入、社会活动、生活标准等。此外，调查中受访者也会被问及其住房条件问题，包括所有权（如个人租住或自有房产）、住房条件（如建筑/套内面积、卧室数目、是否有独立卫浴/起居室等）以及住房类型（城中村"自建房"、经济适用房、商品房③、单位分

---

① 非正规金融渠道一般指由非法定的金融部门（即非正规金融部门）所提供的间接融资以及个人之间或个人与企业主之间的直接融资。

② 全国 31 个省区市（不含港、澳、台）中，本研究未对青海、宁夏和西藏三省区进行调研，因三区人口占比较小，故不会对数据的代表性产生影响。

③ 商品房一般由房地产商建设，通过房地产交易市场进行销售，而非通过工作单位进行分配。

房或"房改房"、其他)等。

关于个人主观幸福感的自我评估部分,整体幸福感和住房满意度两个指标引人关注。其中,个人住房满意度通过以下问题描述并记录:"您对您目前的住房条件感到满意吗?"可选答案是:① 非常不满意;② 不满意;③ 满意;④ 非常满意;⑤ 不知道。个人的生活满意度(或主观幸福感)则由以下选项描述并计分:非常不幸福为1分;不幸福为2分;一般为3分;幸福为4分;非常幸福为5分。

从表7-1可见,中国城市居民的自有房产比例达74.11%,不低于发达国家的水平,反映了国人期望拥有房产而非租房的心理状态(Chien,2010;Wang,2011)。随着住房市场化和商品化的深入发展,福利分房体系逐步取消,大多数居民需要通过房地产市场自购房产。只有少数中低收入群体能向政府购买或租赁经济适用房等福利住房①。因此,就整体来看,商品房所占比例远高于经济适用房。此外,年轻群体一般比老年群体更具有近期购房的急迫性,换言之,他们在未来短期内购房的可能性更高。因此,年轻群体中的26.52%拥有商品房,高于老年群体中21.47%的比例。高收入群体中30.06%的商品房拥有比例,也高于低收入群体中的18.73%。此外,调查中的其他住房条件比例为,81.47%的住房有起居室,83.16%的住房有独立卫生间,且更年轻、收入更高的群体的住房拥有起居室和独立卫生间的比例要高于老年和低收入群体。

表 7-1　CGSS 数据变量的基本描述性统计

变　量			总样本	按年龄划分(岁)		按收入划分(元)	
				年轻(≤42)	年老(>42)	低(≤10 000)	高(>10 000)
Subjective well-being indicators (主观幸福感指标)	*Housing satisfaction*(%)	住房满意度(%)					
	Very unsatisfied	非常不满意	11.21	11.58	10.85	11.74	10.60
	Unsatisfied	不满意	35.64	37.83	33.48	37.38	33.61
	Satisfied	满意	45.61	42.87	48.30	43.42	48.51

① 保障性住房的价格由当地政府规定,考虑了开发成本和当地收入情况。

续　表

变　量			总样本	按年龄划分(岁)		按收入划分(元)	
				年轻(≤42)	年老(>42)	低(≤10 000)	高(>10 000)
Subjective well-being indicators (主观幸福感指标)	Very satisfied	非常满意	7.54	7.72	7.37	7.46	7.64
	Overall happiness（%）	总体幸福感(%)					
	Very unhappy	非常不幸福	0.97	0.77	1.16	1.34	0.54
	Unhappy	不幸福	5.67	3.95	7.37	8.21	2.72
	Neutral	一般	45.81	43.60	47.99	49.96	41.00
	Happy	幸福	41.83	45.05	38.66	35.21	49.51
	Very happy	非常幸福	5.72	6.63	4.82	5.28	6.23
Individual characteristics (个人特征)	Age（mean）	年龄(均值)	44	32	55	45	41
	Gender（%）	性别(%)					
	Male	男	48.65	49.64	47.68	39.15	59.68
	Female	女	51.35	50.36	52.32	60.85	40.32
	Marital status（%）	婚姻状况(%)					
	Married	已婚	80.44	72.75	87.99	80.93	79.86
	Unmarried①	未婚	19.56	27.25	12.01	19.07	20.14
	Education level（%）	教育水平(%)					
	Low level of education	低教育水平	16.34	6.40	26.12	25.15	6.13
	Mid-level of education②	中等教育水平	65.7	67.35	64.06	67.35	63.76
	High level of education	高教育水平	17.96	26.25	9.82	7.50	30.11
	Self-rated health status（%）	自评健康状态(%)					
	Very poor	非常不健康	2.61	1.32	3.88	3.52	1.56
	Poor	不健康	19.56	12.13	26.88	23.47	15.03
	Good	良好	60.45	63.62	57.32	57.96	63.33
	Very good	非常好	17.38	22.93	11.92	15.05	20.09
	Job status（%）	工作状况(%)					
	Employed	就业	59.57	82.88	36.65	45.60	75.78
	Unemployed③	失业	40.43	17.12	63.35	54.40	24.22

变　　量		总样本	按年龄划分(岁)		按收入划分(元)	
			年轻 (≤ 42)	年老 (＞42)	低(≤ 10 000)	高(＞ 10 000)
Householder characteristics (户主特征)	*Householder income* (*mean*) (*yuan*) 户主收入 (均值,元)	14 204	16 745	11 706	6 175	23 520
	Homeownership (%) 住房自有率(%)					
	Homeownership④ 有住房产权	74.11	67.03	81.07	76.87	70.91
	No homeownership 无住房产权	25.89	32.97	18.93	23.13	29.09
	Housing-related characteristics 住房特征					
	House size (*mean*) (m²) 面积(均值,m²)	71.99	73.03	70.96	71.64	72.39
	Total number of rooms (*mean*) 房间个数(均值)	3.86	3.87	3.84	3.80	3.92
	Number of bedrooms (*mean*) 卧室个数(均值)	2.21	2.19	2.22	2.21	2.20
	Number of living rooms (*mean*) 起居室个数(均值)	0.93	0.95	0.92	0.90	0.97
	Have living rooms (%) 是否有起居室(%)	81.47	83.47	79.51	79.97	83.22
	Number of bathrooms (*mean*) 卫生间数量(%)	0.89	0.90	0.87	0.82	0.96
	Have bathrooms (%) 有无卫生间(%)	83.16	84.65	81.70	78.33	88.76
House type (住房类型, %)	Affordable housing 经济适用房	13.85	14.67	13.04	12.78	15.08
	Commercial housing⑤ 商品房	23.98	26.52	21.47	18.73	30.06
	Others⑥ 其他	62.17	58.81	65.49	68.48	54.86
	Sample Size 样本量	4 442	2 202	2 240	2 386	2 056

注：① Unmarried(非已婚状态)包括单身/同居/分居/离婚/丧偶。
　　② Mid-level of education(中等教育水平)包括初中/职业高中/高中/中专/技术学校。
　　③ Unemployed(失业)包括现在没有工作但之前工作过或者从未工作过。
　　④ Homeownership(住房产权)包括私房(继承或自建)/房屋所有权(部分拥有)/房屋所有权(全资拥有)。
　　⑤ Commercial housing(商品房)包括普通商品房/高级商品房或别墅。
　　⑥ Others(其他)包括贫民窟/没有发展的旧城区/城中村/移民社区/工矿企业的社区单位/公共机构、政府机构或其他机构的单位社区。

二、中国家庭金融调查数据

本章使用的第二类数据是中国家庭金融调查(CHFS)数据。与 CGSS 不同,CHFS 是一次全国范围内的、以提供房产金融或资产(包括自住及其他形式的房产)详细信息为目的的综合性调查。近年来,CHFS 数据在有关中国家庭金融行为与投资决策的研究中愈发受到重视(Gan et al.,2013;Liang and Guo,2015;Cheng et al.,2016)。本章使用的 2011 年的 CHFS 数据库采用包含三个等级的分层抽样法来选取样本家庭:县(区)级、村(居委会)级、家庭级。数据包含了来自全国 28 个省区市的 8 438 个家庭、29 463 位受访者的信息[①]。因本研究只关注中国城市样本,因此选取的样本为 5 194 户城市家庭和 9 414 人(包括被调查者及其配偶)的相关数据。

同样,在个人主观幸福感的自我评估环节,也是基于满分 5 分的李克特量表。其中,非常不幸福为 1 分,不幸福为 2 分,一般为 3 分,幸福为 4 分,非常幸福为 5 分。CHFS 数据库包含了居民住房特征的许多指标,比如,家庭的房屋所有权、拥有的房产数目、购房时间、购买时住房价格和房产市值、现时的住房价格和住房市值、住房面积、是否有房贷及房贷额、是否在居住地购买房产以及住房距离市中心的通勤时间,等等。

此外,2011 年的 CHFS 数据库还包含了受访者家庭和个人特征信息,如家庭收入、家庭财富状况、家庭成员人数、性别、年龄、教育程度、宗教信仰、工作状况(默认为无业)、婚姻状况(如单身、离异、分居、寡居等,默认为未婚)、健康状况等。表 7 - 2 展示了这些被解释变量和解释变量的基本描述性统计。

---

① 全国(不含港、澳、台)共有 31 个省级行政单位,本研究未纳入新疆、西藏和内蒙古 3 个自治区,考虑到这 3 个自治区的人口占比较小,故不会对数据的代表性产生影响。

表7－2　CHFS数据变量的基本描述性统计

变　量		定义与说明	样本	均值	标准误	最小值	最大值
主观幸福感(SWB)		1＝非常不幸福，2＝不幸福，3＝一般，4＝幸福，5＝非常幸福	9 397	3.738	0.801	1	5
房屋特征	住房产权(Homeownership)	1＝有住房产权，0＝其他	9 414	0.886	0.318	0	1
	多套住房(Mp)	1＝有，0＝无	8 332	0.184	0.388	0	1
	购买时住房市值(Old house value)	美元	9 414	18 439.387	36 569.128	0	588 326.366
	住房面积(House area)	平方米(m²)	8 275	120.1	98.27	6.650	2270
	当前住房市值(House value)	美元	7 675	86 406.564	118 609.692	15.482	774 113.64
	住房价格(Housing price)	美元/m²	7 637	895.495	1 182.226	0.074	9 289.364
	到市/镇中心距离(Distance)	到市/镇中心通勤时间(分钟)	8 305	27.36	31.59	0	720
	住房增值(Appreciation)	当前住房市值－购房时住房市值(美元)	7 675	65 071.993	99 520.05	−131 367.085	774 113.64
	购房负债(Debt)	1＝有购房负债，0＝无购房负债	8 336	0.116	0.32	0	1
	购房时间(Time of buying this house)	购房年份	8 210	12.479 46	9.158 89	0	92
	当地是否有房(Local house)	1＝有，0＝无	8 336	0.943	0.231	0	1

续 表

变 量	定义与说明	样本	均值	标准误	最小值	最大值
家庭特征 家庭收入(Income)	家庭年收入(美元)	9 414	10 317.232	25 283.635	0	464 468.184
金融资产(Financial wealth)	家庭金融资产(美元)	9 414	8 998.297	32 661.867	0	1 119 368.323
家庭规模(Family size)	家庭成员数	9 414	3.325	1.336	1	13
个人特征 性别(Gender)	1=男,0=女	9 414	0.493	0.5	0	1
年龄(Age)	个人年龄	9 414	47.24	14.2	2	99
教育程度(Education)	1=文盲,2=小学,3=初中,4=高中,5=技校,6=大专,7=本科,8=硕士,9=博士	9 327	3.891	1.738	1	9
移民(Migration)	1=yes,0=no	9 313	0.897	0.304	0	1
婚姻状况(Married)	1=已婚(已婚或同居),0=未婚(单身,分居,离异或丧偶)	9 321	0.913	0.281	0	1
工作状况(Currently working)	1=有工作,0=无工作	9 406	0.582	0.493	0	1
健康状况(Health)	1=非常不健康,2=不健康,3=一般,4=健康,5=非常健康	7 388	3.472	0.89	1	5

注：根据中国人民银行的公告,2011年美元对人民币的汇率为6.459。

第四节　住房条件、住房财富与居民
主观幸福感的实证分析

一、住房条件与居民主观幸福感

(一) 计量模型和实证设计

本研究中所采用的两项幸福指标(住房满意度和整体幸福感)都是有序变量,因此,这里采用有序变量模型来研究决定生活满意度的多重因素:

$$y_i^* = \alpha + \beta_i X_i + \varepsilon \qquad (7-1)$$

其中 y_i^* 代表个人的住房满意度或整体幸福感。参考相关研究文献的方法,令矢量参数 X 包括三大类解释变量:个人特征、业主(家庭)特征和居住特征。

个人特征包含了年龄、婚姻状况、教育程度、自评健康状态、工作状况等参数。因为年龄的绝对值和幸福感之间不一定是线性关系,这里还把年龄的绝对值及其平方项都放进模型中。健康状态是从"非常不健康"到"非常好"的四级分值衡量。参考 Diaz-Serrano(2009)的研究,本研究也在回归分析中把住房所有权和房屋面积纳入进来了,同时纳入的还有住房条件这一解释变量,包括房屋的卧室数目、是否拥有起居室、是否拥有独立卫生间等。比如 Hu(2013)就发现,居住在商品房中的人比住经济适用房的人拥有更高的住房满意度。因此,住房类型也作为虚拟变量放在模型中,其中缺失值代表"经济适用房"。

本研究包含了三个模型。前两个模型分别用于检验上述决定因素对居民的住房满意度和整体幸福感的影响效果,第三个模型基于相同的解释变量(但将住房满意度作为新加入的解释变量)来解释个人整体幸福感的高低。本研究还将全体调查样本按受访者的年龄分别分为年轻组和老年组以及按受访者的收入分为低收入组和高收入组,以便检验住房条件对不同人群的影响差异,同时,采用邹至庄检验法来定量测算上述分组的显著性。此外,本研究还基于对某一收入水平群体进行住房面积的边际变化(如增加 1平方米)对其生活满意度影响的测算,即大致估算了住房条件的货币价值,这一方法创新性地对住房所有权的货币价值进行了量化。

　　本研究还开展了系列的稳健性检验。一是删除一些高相关性系数的变量;二是将有序选择因变量转换为 0/1 的二元变量。为了分析居住特征对不同人群的影响,这里把所有样本通过年龄和收入进行分组。其中,大体上把全部有效样本分成了样本数量几乎均等的两部分。年龄边界设为 42 岁,未超过此年龄的受访者归入年轻组,反之归入老年组;收入边界则设定为每年 10 000 元人民币,未超过此收入的受访者归入低收入组,反之归入高收入组[①]。为检测年龄与收入分组的有效性,这里采用了一种类似于邹至庄检验法(进行回归分析,检验某些系数是否拒绝零假设)的方法,发现本章对年龄与收入的分组,所有回归模型在 1‰、5% 或 10% 的显著度水平上都是显著的。

　　此外,本研究还采用了货币等值分析法,即测算出各收入水平下相同满意度所对应的居住特征。如果某一居住特征的回归系数是 α,年收入的自然对数的系数是 β,那么居住特征的边际增加(增加/上升一个单位)就会提升 α 个单位的幸福感/满意度。对应地,α 个单位的幸福感/满意度提升,也可能是因为年收入的自然对数增长了 α/β 个单位。换句话说,居住特征提升 1 个单位对于幸福感/满意度提升的效果,与年收入的自然对数提升 α/β 个单位的效果是一样的。因此,对于给定的收入水平 y^*,其自然对数增加至 $\ln(y^*)+\alpha/\beta$,增长后的年收入则为 $e^{\ln(y^*)+\alpha/\beta}$,即等于 $y^* e^{\alpha/\beta}$,因此,收入的增幅就等于 $y^*(e^{\alpha/\beta}-1)$ 或($y^* e^{\alpha/\beta}-y^*$)。具体来说,居住条件每提升 1 个单位,能让居民感受到幸福感/满意度提升 $y^*(e^{\alpha/\beta}-1)$ 个单位。

(二) 住房条件对生活满意度影响的实证分析

1. 基准回归分析

　　就不同居住特征(如住房所有权、住房类型、面积、卧室数目、是否有起居室/独立卫生间等)对应的平均住房满意度和整体满意度进行描述性统计

---

① 此收入为 2006 年个人年收入,当年城镇居民人均可支配收入为 11 759 元,农村居民人均收入为 3 587 元。

分析。通过直观比较得出,有房群体(业主)的两类满意度均值都比租户(非业主)要高。此外,居住在商品房中的居民相比于住在经济适用房中的居民,前者两类满意度的均值也都较高;而随着住房面积和卧室数目的增加,满意度高的人群占比也随之提高。比方说,住房面积超过 90 平方米的群体和住房面积低于 42 平方米的群体相比,前者的住房满意度和整体满意度的均值都更高。类似地,家有多间卧室的人群,比仅有 1 间卧室的人群,两大均值也明显更高。此外,拥有起居室或独立卫生间的人群,其住房满意度和整体满意度的均值也比那些没有上述设施的人群更高。当然,这些差异可能也是收入差异或同住人群数目差异的反映。上述相关关系毕竟不能和因果关系等而论之,接下来本章将采用有序变量模型来验证其中的因果关系,以便进一步探究上述居住特征对居民住房满意度和整体满意度的影响。

如表 7-3 所示,本研究中的绝大多数解释变量(如个人特征、家庭特征和居住特征等),除了性别、婚姻状况、教育水平和工作状况之外,对全部调查对象的住房满意度均有显著影响。现有文献 (Knight et al.,2008;Knight and Gunatilaka,2011;Wang and Van der Weele,2011;Hu,2013) 中,年龄都是决定住房满意度的显著因素。年龄和个人住房满意度之间存在先降后升的"U"形关系,年龄及其平方项的系数分别是 -0.0328 和 0.00044,即在大约 37.27 岁时满意度达到最低值[①]。本研究的结果显示,住房满意度在 37 岁之前随着年龄的增大而降低,在 37 岁以后则随着年龄的增长而升高。可以认为,37 岁大概是这么一个阶段,家中子女开始离家上学,收入水平也逐渐好转,因此可能是增加家庭人均住房面积和提高住房满意度的典型年龄。国内还有一些研究 (Hu,2013) 也发现居民健康状况对其住房满意度有显著的正向影响,这与本研究的结论比较接近。

表 7-3 还显示,在 1‰ 的显著性水平上,家庭收入和住房所有权对全体研究样本的生活满意度都是显著的正向影响。其他关于幸福感的研究 (Diaz-Serrano,2009;Hu,2013) 也发现,家庭收入是个人住房满意度的一项重要决定因素。在某种程度上,更高的收入就意味着能承担更好的住房条

[①] 考虑函数 $y = \alpha + \beta X + \delta X^2 + \varepsilon$;对 X 进行微分可得 $\mathrm{d}y/\mathrm{d}x = \beta + 2\delta X$。不难得出函数的极值在 $\mathrm{d}y/\mathrm{d}x = \beta + 2\delta X = 0$ 时取得,其时 $X = -\beta/2\delta$,即 $0.0328/(2*0.00044)$,约等于 37.27。

件,当然也包括更好的家具、装修和家电设施等。此外,国人根深蒂固的"安居乐业"观念可以解释住房所有权的重要性。不过,住房所有权本身也是一种财富,且有研究认为其利于促进个人的社区参与。同时,所有的居住特征,包括住房面积、卧室数目、起居室与独立卫生间的有无以及住房类型等,都显著且正向地影响个人住房满意度。特别地,将居住在商品房中的被调查者与其他群体相比较,发现住在经济适用房中的被调查者的住房满意度更低。Wu 等(2012)认为,经济适用房普遍离市中心较远且建筑质量较低,可能是出现上述现象的原因。不过也不能排除还有其他可能会影响房屋品质的相关因素。

表 7-3 住房满意度的影响因素(全部样本和分组回归)

变 量	因变量:住房满意度				
	总样本	按年龄分组(岁)		按收入分组(元)	
		年轻 (≤42)	年老 (>42)	低收入 (≤10 000)	高收入 (>10 000)
个人特征					
Age	−0.033*** (3.46)	−0.56 (1.37)	0.033 (0.72)	−0.34*** (2.73)	−0.033** (2.20)
Age²	0.000 4*** (4.15)	0.001 (1.13)	−0.000 2 (0.41)	0.000 5*** (3.31)	0.000 5*** (2.63)
Gender(对照组:*Male*)					
Female	0.019 (0.56)	0.054 (1.12)	−0.014 (0.27)	−0.009 (0.20)	0.058 (1.13)
Marital status(对照组:*Unmarried*)					
Married	0.063 (1.30)	0.079 (1.13)	0.095 (1.29)	0.016 (0.25)	0.122* (1.69)
Education level(对照组:*Low level of education*)					
Mid-level education	−0.050 (−0.99)	−0.048 (0.48)	−0.056 (0.92)	−0.029 (0.48)	−0.119 (1.10)

续　表

变　量	因变量：住房满意度				
	总样本	按年龄分组（岁）		按收入分组（元）	
		年轻（≤42）	年老（＞42）	低收入（≤10 000）	高收入（＞10 000）
High level of education	0.066 (1.00)	0.101 (0.91)	0.080 (0.08)	0.059 (0.57)	0.011 (0.10)
Self-rated health status	0.448*** (17.29)	0.387*** (10.10)	0.504*** (14.21)	0.510*** (14.77)	0.371*** (9.37)
Job status（对照：*Unemployed*）					
Employed	0.019 (0.42)	0.007 (0.10)	0.016 (0.26)	0.039 (0.71)	−0.040 (0.49)
Householder characteristics					
Log of householder income（yuan）	0.058*** (2.63)	0.088*** (2.86)	0.025 (0.77)	0.072** (1.98)	0.095* (1.82)
Homeownership（对照组：*No homeownership*）					
Homeownership	0.569*** (13.74)	0.625*** (11.26)	0.487*** (7.65)	0.561*** (9.61)	0.568*** (9.47)
Housing-related characteristics					
House size（m^2）	0.004*** (7.31)	0.004*** (5.64)	0.003*** (4.58)	0.004*** (5.71)	0.004*** (4.78)
Number of bedrooms	0.080*** (4.00)	0.071** (2.39)	0.090*** (3.27)	0.095*** (3.60)	0.050 (1.62)
Have living rooms	0.172*** (3.33)	0.116 (1.52)	0.220*** (3.09)	0.059 (0.85)	0.317*** (4.04)
Have bathrooms	0.174*** (3.17)	0.027 (0.34)	0.306*** (4.06)	0.197*** (2.87)	0.179* (1.91)
House type（对照组：*Affordable housing*）					
Commercial housing	0.138** (2.44)	0.109 (1.42)	0.177** (2.11)	0.212** (2.56)	0.072 (0.92)

变　　量	因变量：住房满意度				
	总样本	按年龄分组（岁）		按收入分组（元）	
		年轻 （≤42）	年老 （>42）	低收入 （≤10 000）	高收入 （>10 000）
Others	0.124** (2.47)	0.085 (1.22)	0.167** (2.29)	0.198*** (2.81)	0.054 (0.75)
观测值	4 442	2 202	2 240	2 386	2 056

注：（）表示各个系数的 t 统计量，***、**、*表示系数在 1%、5% 和 10% 水平下的显著。

本研究还进行了如下稳健性检验，排除诸如工作状态、卧室数目、独立卫浴的有无等解释变量之后，结果与原结果相似；第二次稳健性检验中，被解释变量被转换为 0/1 二元变量，并通过二元变量模型进行回归分析，发现住房类型对居住满意度的影响不再显著。当然，有序变量转换为二元变量后，会丢失不少信息，上述结果意味着在本研究中可能丢失了一些关键的信息。

此外，将研究样本按年龄和收入高低分为不同群组后的结果显示，对老年组而言，家庭收入的影响已不再显著，但住房所有权对各分组住房满意度的影响仍很明显。有趣的是，在老年组中，住房满意度与所有的居住特征都显著相关；而对年轻组而言，只有住房面积和卧室数目的影响较大。在 1% 的显著度水平上，住房所有权和住房面积对低收入和高收入群体的住房满意度影响都很显著。除了拥有起居室之外，卧室数目和拥有独立卫生间会显著影响低收入群体的住房满意度，但对高收入人群的影响不大。对比来看，拥有起居室对高收入人群住房满意度的影响要大于低收入人群。作为社会福利的经济适用房主要面对的是中低收入人群，较高收入人群还是需要通过房地产市场购买商品房。该情形可以解释为何住房类型无法显著影响较高收入群体（年收入大于 10 000 元）的住房满意度。

2. 对整体幸福感的影响

首先，我们检验了不同变量对居民整体满意度的影响。结果发现，年收入和住房所有权对居民整体满意度的影响都是决定性的。这在一定程度上可以解释为什么居住特征对人们整体满意度的影响不如对住房满意度那么明显。相应地,稳健性检验删除了一些高度相关性的变量,回归结果并未发生明显变化。即大多数个人相关特征的影响都很显著,而居住特征的影响则不大明显。不过,把被解释变量转换为二元变量后,一些居住特征的影响也发生了变化,有独立卫生间和其他居住种类两项在5%的显著度水平上的影响都是显著的。

同时,以年龄分组回归后发现,个人特征(性别、婚姻状况、教育水平、自评健康状态)对整体满意度的影响存在一定差异。不过"年龄"本身只对42岁以下群体的生活满意度有影响。此外,并无证据表明工作状况对个人整体满意度有显著影响。在1%的显著度上,收入和住房所有权对各年龄组的整体满意度都有显著的正向影响。但对老年组和年轻组而言,居住特征中只有住房面积和拥有独立卫生间会影响居民的整体满意度。

进一步把全体样本按收入来分组的话,高收入群体和低收入群体的个人特征(不只是工作状况)对整体满意度的影响都会发生变化。工作状况的影响集中于高收入人群。如前所述,居住特征似乎对整体满意度的影响不那么明显,只有住房面积一项在1%的显著度水平上对低收入群体有影响,而拥有起居室在5%的显著度水平上对高收入群体有影响,拥有独立卫浴在10%的显著度水平上对高收入群体的影响几乎为零。

就个人整体满意度而言,个人特征的影响越强,住房条件的影响就越弱,这意味着个人的整体满意度与个人特征的相关性越高。住房条件对住房满意度的影响要比对整体满意度的影响更强。即便如此,住房所有权一项,足以解释两类满意度对所有人群的影响。此外,虽然一些居住特征对不同群体的满意度存在影响,但在不同群体中的差异较大。

3. 考虑住房满意度对整体满意度的影响

将住房满意度添加为解释变量之后,系数在1%的显著水平上都是显著的,说明它可以在很大程度上解释各群组(无论是按年龄还是按收入分组)的整体满意度差异。从被调查者的角度看,除工作状况以外,其他个人特征(如年龄、性别、婚姻状况、教育水平、健康状况等)对整体生活满意度都有显著影响。此外,家庭收入和住房所有权对居民的整体生活满意度仍然具有显著的正向影响。根据年龄和收入分组回归的结果显示,大多数个人和家庭特征变量都会显著影响居民的整体满意度。不过年龄对整体满意度的影响仅限于年轻组,工作状况则对两组的满意度都没有解释力。除了独立卫浴的有无以外,大多数与住房相关的特征对年轻群体的整体生活满意度并无显著影响。但大多数的个人特征对两类群体的整体满意度影响都很大,其中比较例外的是中等教育水平,只对低收入群体的整体满意度产生影响。还有一个就是工作状况,它只对高收入群体的整体满意度影响较大。研究结果再次表明,家庭收入和住房所有权对不同收入水平的人群的整体满意度都有决定性影响。与之相比,与住房相关的特征对整体满意度的影响却要小得多。住房所有权对整体满意度的影响仍然显著,这也表明它对整体满意度的影响与对住房满意度的影响是相互独立的。这一发现可能是房产财富效应的一种体现,或者是居民财产权的一种体现。

　　总的来说,可以认为,住房特征对不同群组的影响并不一致。研究结果也表明,与住房特征相关的变量直接而显著地影响个人的住房满意度,而整体满意度似乎更容易受个人特征而非住房条件的影响。即便如此,住房满意度与其他解释变量一起对居民的整体幸福感产生影响。此外,家庭年收入和房屋所有权这两个家庭特征始终影响着人们的生活满意度,这凸显了收入和房屋所有权对中国城市居民生活的重要性。

　　4. 货币等值分析的结果

　　从表 7-3 中可见,只有一种住房条件项——住房面积——对总样本、老年组和低收入组三大群体的整体满意度都有显著影响。货币等值分析的结果表明,住房面积的边际增加(每平方米)所增加的幸福感,与家庭年收入增加一定水平所增加的幸福感是可以等价换算的,本研究基于这一假设进行了相关计算。

　　描述性统计显示,总样本、老年组、低收入组的年均收入分别为 14 204 元、11 706 元和 6 175 元。对应地,对总样本、老年组、低收入组而言,住房面积增加 1 平方米的货币等值——带来相同的个人整体满意度的提升——分别是个人年收入增加 87.07 元、87.44 元和 56.15 元。第二组数值 87.44 元(老年组)比第一组的 87.07 元(总样本)稍高,直观上与老年组平均收入更低不太一致,这可能是因为在计算中分别采用了不同的回归模型所致。同时,前文的基准回归结果(见表7-3)也发现,老年人的满意度受住房面积的影响更大。总体上,这一结果大致表明,对总样本和老年组而言,住房面积增加 1 平方米所增加的整体幸福感,与年收入增加 87.07 元是等效的。而要想让低收入群体感受到与住房面积增加 1 平方米相同的幸福感,所需要的年收入增幅最小,只要 56.15 元。低收入组所需的等值收入增长比总样本和老年组都要低。这一发现表明,与高收入家庭相比,低收入家庭的整体满意度提升更容易通过较低的收入绝对增幅来实现。

本研究还基于全体样本的回归结果,采用相似的方法,计算了房屋所有权的货币价值。对于年均收入为 14 204 元的调查对象而言,拥有房产本身就相当于拥有额外的 63 880 元家庭收入。考虑到这一价值与收入支付无关,是财富增值的体现,结果也合乎情理。此外,上述货币数值的计算,是以 2006 年的货币购买力为基准的。

(三) 内生性问题探讨

由于住房满意度可能与生活满意度方程中的误差项相关,比如有些人天生就比较容易对住房和生活感到满意。两个等式中都可能存在这样的"遗漏变量",这里称之为"乐观情绪",并作为误差项的一部分。因此,在整体生活满意度的回归方程中,住房满意度包括乐观情绪,其意义将同时反映住房满意度和乐观情绪对整体生活满意度的影响。这样就产生了一个问题:因为住房满意度中的随机成分与整体幸福感中的随机因素是相关的,为解决这一潜在的内生性问题,需要由住房满意度方程生成预测值,来排除住房满意度中随机因素的影响。这些预测值的来源,既有对两个等式都适用的社会经济特征,也有独立于乐观情绪之外的居住特征,这样就可以帮助解决这一内生性问题。

然后,参考拉姆齐的回归设定误差检验法(RESET),引入了预测住房满意度的平方项和立方项,并将其纳入回归方程中。这一 RESET 扩展方程随后被用于生成住房满意度的预测值[①]。具体计算过程为,首先由表7-4中的

---

① 令 $\hat{y}$ 表示式(7-1)中的拟合值,展开后的方程是 $y_i^* = \alpha + \beta_i X_i + \delta_1 \hat{y}^2 + \delta_2 \hat{y}^3 + \varepsilon$。其中,通过扩展方程得出的居住满意度的预测值应当加入整体生活满意度的回归方程。

全体样本回归结果得到住房满意度的预测值,然后按照拉姆齐回归设定误差检验法把住房满意度预测值的平方和立方都加到回归方程中。

表 7 - 4　整体幸福感回归分析的比较

变　　量	住房满意度预测值	表 7 - 3 的结果
住房满意度	0.479(2.94)***	0.331(13.67)***
个体特征		
Age	−0.080(−7.28)***	−0.091(−9.40)***
Age^2	0.001(6.33)***	0.001(8.86)***
Female	0.165(4.68)***	0.174(4.95)***
Married	0.514(10.23)***	0.545(11.01)***
Mid-level education	0.220(4.24)***	0.210(4.09)***
High level of education	0.325(4.83)***	0.350(5.24)***
Self-rated health status	0.218(2.82)***	0.350(13.01)***
Employed	−0.019(−0.41)	−0.014(−0.31)
户主特征		
Log of householder income（yuan）	0.172(7.08)***	0.192(8.54)***
Homeownership	0.067(0.65)	0.225(5.27)***
住房特征		
House size（m^2）	−0.000 5(−0.61)	0.001(1.09)
Number of bedrooms	−0.010(−0.42)	0.012(0.58)
Have living rooms	−0.016(−0.27)	0.031(0.59)
Have bathrooms	−0.148(−2.38)**	−0.107(−1.92)*
Commercial housing	−0.080(−1.30)	−0.041(−0.71)
Others	−0.157(−2.88)***	−0.124(−2.43)**
观测值	4 442	

注:()表示各个系数的 t 统计量,***、**、*表示系数在1%、5%和10%水平下的显著。

　　表 7 - 4 将对住房满意度预测值的回归结果与表 7 - 3 的基准回归结果进行比较,发现两者比较接近。可以发现,除了就业之外,住房满意度和其他个人特征一样,对整体满意度有着决定性的影响。而居住特征变量对整体满意度有显著影响的只有有独立卫生间和其他居住种类两项。两个回归

结果的唯一区别在于住房所有权的系数。预测模型中住房所有权对整体幸福感的影响不再显著。出现这一结果的可能原因在于,住房所有权的影响已经被纳入作为解释变量的住房满意度的预测值中。

二、住房价值与居民主观幸福感

(一)计量模型和实证设计

因为主观幸福感的因变量是有序的,这里同样采用有序概率模型来研究多个因素对主观幸福感(SWB)的影响 (Greene,2012;Brooks,2008):

$$y_i^* = \alpha + \beta_1 \text{Housing} + \beta_2 X_i + \varepsilon_i \qquad (7-2)$$

其中,y_i^* 是代表受访者自评的主观幸福感。自变量 Housing 代表一个家庭的住房特征。参考一些学者的相关研究 (Elsinga and Hoekstra,2005; Knight et al.,2008;Chyi and Mao,2012),控制变量 X 主要包括两类变量:一类是个人特征,如年龄及其换算值[①]、性别、婚姻状况、教育程度、健康状况、工作状况以及户籍情况等;另一类是家庭特征,如家庭年收入的对数值、家庭财富总额、家庭成员数目等。同时,我们在回归分析中还控制了地区固定效应。

为研究房产价值影响主观幸福感的深层机制,本章依次采用了三个有序概率模型:第一个模型用于确定住房特征对于主观幸福感的影响;第二个模型用以检验家庭购房抵押贷款对主观幸福感的影响;第三个模型通过将家庭分为一套住房家庭和多套住房家庭来区分购房目的对主观幸福感的影响。最后,本研究揭示了房产价值对不同收入群体和地区群体主观幸福感的不同影响。

(二)住房特征与主观幸福感

表 7 - 5 展示了住房特征对主观幸福感的影响。通过模型(1)可见,拥有住房对主观幸福感的影响非常显著,这与之前对国内情况的相关研究的结论一致 (李涛等,2011;Hu,2013;孙伟增、郑思齐,2013;Cheng et al.,

---

[①] 因为年龄和主观幸福度之间不一定是线性关系(Chyi and Mao, 2012;Hu, 2013),因此这里将年龄的绝对值及其平方项都引入计量模型中。

2016；Zhang et al.，2017）。特别地，在模型（3）和模型（4）中发现，房产价值与面积对主观幸福感的影响很显著，不过房产价格的影响并不显著〔见模型（2）〕。这一发现意味着拥有房产对个人而言，其幸福感只与房产价值有关，而与房价上涨无关。同时，住房面积越大、购买时间越近、到市中心的通勤时间越短，以及在现居住地拥有房产，都意味着主观幸福感越高。此外，家庭收入越高、积累的财富越多，对应的主观幸福感也越高；而年龄、性别、婚姻状况、健康状态等个人特征也对主观幸福感有明显影响。

表 7 - 5　住房特征与主观幸福感（SWB）的影响

变　　量	因变量：居民主观幸福观（SWB）			
	（1）	（2）	（3）	（4）
Homeownership	0.240 ***			
	(0.049)			
ln（housing price）		0.014		
		(0.018)		
ln（house value）			0.040 **	
			(0.018)	
ln（house area）				0.110 ***
				(0.030)
ln distance		−0.037 ***	−0.032 **	−0.044 ***
		(0.014)	(0.014)	(0.013)
Time of buying this house		−0.045 **	−0.039 *	−0.043 **
		(0.022)	(0.022)	(0.021)
Local house		0.202 **	0.176 **	0.256 ***
		(0.089)	(0.087)	(0.083)
ln（financial wealth）	0.041 ***	0.036 ***	0.035 ***	0.038 ***
	(0.007)	(0.008)	(0.008)	(0.008)
ln income	0.019 **	0.016 *	0.014	0.018 **
	(0.008)	(0.009)	(0.009)	(0.009)
Family size	−0.055	−0.024	−0.039	−0.065
	(0.038)	(0.042)	(0.042)	(0.042)
Age	−0.047 ***	−0.050 ***	−0.050 ***	−0.044 ***
	(0.007)	(0.007)	(0.007)	(0.007)

续 表

变 量	因变量：居民主观幸福观（SWB）			
	(1)	(2)	(3)	(4)
Age^2	0.001***	0.001***	0.001***	0.001***
	(0.000)	(0.000)	(0.000)	(0.000)
Gender	−0.045*	−0.039	−0.037	−0.039
	(0.027)	(0.030)	(0.030)	(0.029)
Edu	0.007	−0.005	−0.009	0.006
	(0.009)	(0.011)	(0.010)	(0.010)
Married	0.485***	0.482***	0.487***	0.487***
	(0.057)	(0.067)	(0.067)	(0.065)
Currently working	−0.021	−0.059	−0.056	−0.071
	(0.047)	(0.052)	(0.051)	(0.049)
Migration	0.074	−0.060	−0.058	−0.050
	(0.049)	(0.067)	(0.067)	(0.067)
Health	0.267***	0.261***	0.260***	0.262***
	(0.017)	(0.019)	(0.018)	(0.018)
观测值	7 083	5 829	5 851	6 236
地区固定效应	yes	yes	yes	yes
伪 R^2	0.049 7	0.049 7	0.049 7	0.049 7

注：① 括号中的值表示各个回归系数的标准差。
② *** 表示 1% 的显著性，** 表示 5% 的显著性。* 表示 10% 的显著性。

进一步地，我们估计了住房特征，如住房拥有状态、房价、房产价值、面积、位置等，对主观幸福感的边际效应。可以发现，各个住房特征对主观幸福感的边际效应各不相同。特别地，房价对主观幸福感根本没有显著影响。从"非常不满意"到"不满意"再到"一般"的过程中，住房拥有状态、房产价值、住房面积三者的边际影响为负；但从"满意"到"非常满意"的过程中，其边际影响为正，住房拥有状态、房产价值、住房面积从 3 分（一般）到 4 分（满意）的边际效应分别为 2.9%、0.4% 和 1.2%。到市中心的通勤时间这一因素存在显著的边际效应，其效应由正至负的转折点也出现在从 3 分（一般）到 4 分（满意）的过程中。

（三）稳健性检验

下面分别从房产是否增值、是否有房贷以及房产数量等方面对住房市值产生的效应进行稳健性分析。

1. 房产增值与主观幸福感

为验证住房财富效应的稳健性，首先分析了财富效应的直接体现——房产增值对主观幸福感的影响。一方面检验家庭房产是否增值对居民主观幸福感的影响；另一方面，将样本家庭分为两组：有房产增值的家庭和没有房产增值的家庭。然后，运用"房产价值"和"房产是否增值"之间的交互项来检验住房财富效应是否通过房产增值来影响主观幸福感。结果表明，房产增值显著改善了个人的主观幸福感，尤其是自有房产升值的家庭，房产价值与是否升值的交互项系数显著为正。其他家庭或个人特征对主观幸福感的影响和表 7-5 中所展示的情形基本一致。

2. 房贷与主观幸福感

接着检验了家庭购房贷款对居民主观幸福感的影响。其中，同样采用家庭是否存在房贷，以及区分有房贷家庭和无房贷家庭子样本等方法，且在回归模型中引入了"房产价值"和"房贷"之间的交互项。结果显示，尽管没有发现房贷会影响个人主观幸福感的直接证据，但房产价值这一因素对有房贷家庭和无房贷家庭的影响都是显著的。通过引入上述交互项，结果表明了"有房贷"会在一定程度上减少住房市值对主观幸福感的影响。不过，房贷的有无并不影响"房产价值越高、主观幸福感也越高"这一基本事实。

3. 房产数量与主观幸福感

购房目的的不同（自住或投资），也可能对家庭主观幸福感产生不同的影响。我们根据家庭拥有房产的数量（一套或是多套）来区分购房目的（自住或是投资），进而检验了拥有多套住宅对主观幸福感的影响。同样，依次将样本分为单套住房家庭和多套住房家庭，以及在模型中加入"多套住房"和"房产价值"之间的交互项。结果表明，拥有多套房产会显著提升个人的主观幸福感。不过，房产价值并不能通过房产数目来影响主观幸福感，可能是因为其影响途径是所拥有房产的总价值。

4. 异质性分析

考虑到中国地域广阔，不同地区之间经济发展水平差距较大，而不同收入群体的住房价值对其主观幸福感的影响也可能存在差异，因此，我们将调查样本按不同地区（见表7-6）和不同收入水平（见表7-7）进行分组检验。

1）不同区域的主观幸福指数

中国的区域发展差距相当明显，东部相对发达地区（如北京和上海）的平均房价远高于中西部地区（如云南和四川）。为分析全国范围内房价上涨（房产增值）对居民主观幸福感的影响，按照国家统计局的分类，将所有样本来源的地区分为东部（京、津、冀、辽、苏、浙、沪、鲁、粤等9省市）、中部（晋、吉、黑、皖、赣、豫、鄂、湘等8省）和西部（云、贵、川、渝、桂、陕、甘、青等8省区市）三个区域。研究发现，各个群组中房产价值对主观幸福感都存在正向影响，但只有东部地区的影响显著。可能的原因是，一方面，东部地区房价的涨幅更剧烈，使得房产增值对东部地区房主的影响更明显。另一方面，东部地区的调查样本数量比其他两个区域要多，这可能对结果的显著度也有影响。

表7-6　不同地区的主观幸福感差异

变　　量	因变量：主观幸福感			
	东部地区	中部地区	西部地区	全样本
ln (house value)	0.058**	0.036	0.013	0.046***
	(0.023)	(0.030)	(0.059)	(0.017)
Time of buying this house	−0.028	−0.058	−0.071	−0.037*
	(0.030)	(0.037)	(0.080)	(0.022)
Local house	0.165	0.208	0.005	0.164*
	(0.108)	(0.171)	(0.254)	(0.086)
ln (financial wealth)	0.024**	0.053***	0.059*	0.035***
	(0.011)	(0.014)	(0.031)	(0.008)
ln income	0.021*	0.007	0.001	0.014
	(0.011)	(0.017)	(0.042)	(0.009)

变 量	因变量：主观幸福感			
	东部地区	中部地区	西部地区	全样本
Family size	0.013	−0.144*	−0.099	−0.051
	(0.054)	(0.075)	(0.160)	(0.042)
Age	−0.047***	−0.056***	−0.051	−0.049***
	(0.009)	(0.013)	(0.034)	(0.007)
Age^2	0.001***	0.001***	0.001*	0.001***
	(0.000)	(0.000)	(0.000)	(0.000)
Gender	−0.035	−0.042	−0.009	−0.037
	(0.040)	(0.050)	(0.103)	(0.030)
Edu	−0.007	−0.022	0.044	−0.006
	(0.013)	(0.018)	(0.038)	(0.010)
Married	0.556***	0.344***	0.492**	0.487***
	(0.087)	(0.118)	(0.221)	(0.067)
Currently working	−0.011	−0.126	−0.145	−0.061
	(0.069)	(0.082)	(0.216)	(0.051)
Migration	−0.104	0.211	−0.305	−0.052
	(0.082)	(0.133)	(0.228)	(0.067)
Health	0.272***	0.274***	0.178**	0.264***
	(0.025)	(0.030)	(0.069)	(0.019)
观测值	3 299	2 075	489	5 863
地区固定效应	yes	yes	yes	yes
伪 R^2	0.048 3	0.048 3	0.048 3	0.048 3

注：① 括号中的值表示各个回归系数的标准差。

② *** 表示 1%的显著性，** 表示 5%的显著性。* 表示 10%的显著性。

2）不同收入水平的主观幸福指数

表 7-7 是将受访家庭按家庭年度总收入分为三组，依次为低收入组（家庭年收入不高于 3 715 美元）、中等收入组（家庭年收入介于 3 716 美元至 8 423 美元之间）和高收入组（家庭年收入介于 8 424 美元和 464 468 美元之间）。结果表明，房产价值只对低收入组的主观幸福感有正面影响，可能是因为中高收入家庭的购房行为更多以投资为目的，而低收入组家庭购房

的主要目的是自住。

表7-7 不同收入群体的主观幸福感差异

变　　量	因变量：主观幸福感		
	低收入家庭	中等收入家庭	高收入家庭
ln（house value）	0.063**	0.026	0.049
	(0.027)	(0.032)	(0.034)
Time of buying this house	−0.002	−0.056	−0.038
	(0.043)	(0.038)	(0.037)
Local house	0.219	0.166	0.155
	(0.167)	(0.190)	(0.120)
ln（financial wealth）	0.030*	0.015	0.038***
	(0.016)	(0.015)	(0.014)
ln income	−0.021*	−0.058	0.036
	(0.013)	(0.110)	(0.046)
Family size	0.002	−0.104	−0.059
	(0.082)	(0.074)	(0.070)
Age	−0.055***	−0.042***	−0.050***
	(0.016)	(0.012)	(0.012)
Age^2	0.001***	0.000***	0.001***
	(0.000)	(0.000)	(0.000)
Gender	0.003	−0.024	−0.060
	(0.062)	(0.051)	(0.047)
Edu	−0.061**	0.010	−0.027*
	(0.025)	(0.019)	(0.016)
Married	0.513***	0.408***	0.508***
	(0.119)	(0.120)	(0.110)
Currently working	0.011	−0.235***	0.041
	(0.104)	(0.088)	(0.083)
Migration	−0.139	−0.154	0.057
	(0.140)	(0.130)	(0.094)
Health	0.221***	0.259***	0.321***
	(0.036)	(0.031)	(0.031)

续　表

变　　量	因变量：主观幸福感		
	低收入家庭	中等收入家庭	高收入家庭
观测值	1 360	2 119	2 384
地区固定效应	yes	yes	yes
伪 R^2	0.050 2	0.050 2	0.050 2

注：① 括号中的值表示各个回归系数的标准差。
　　② *** 表示 1% 的显著性，** 表示 5% 的显著性。* 表示 10% 的显著性。

第五节　本　章　小　结

一、研究结论

本章探讨了住房条件、住房市值如何影响中国城市居民的生活满意度。研究表明，住房条件会显著影响居民的住房满意度。考虑其他的一些个人特征后，仍有一些居住特征对城市居民的整体满意度的影响是显著的。研究结果揭示了住房面积对居民整体满意度的影响有决定性作用。因此，住房条件除影响居民的住房满意度之外，还会影响居民的整体生活满意度。

研究同样发现，住房对不同群体的整体生活满意度和住房满意度的影响途径是不同的。年轻人就没有把住房条件看得像老年群体那么重。而对整体生活满意度的影响，住房面积对老年群体的影响要大于年轻人，这一结果也体现出了居住的移动性需求（即搬家的需求，或者随着年龄的增长，逐渐适应了目前的住房）。相比高收入群体，低收入群体的住房满意度受住房条件的影响更加显著。这一发现大致可以说明低收入群体在追求理想住房时所面临的约束更多。

货币等值分析的结果表明，住房面积的边际变化（增加 1 平方米）所提升的整体幸福感，相对于全体样本、老年群体和低收入群体而言，与年收入分别增加 87.07 元、87.44 元和 56.15 元的效果是一致的。因此不难得出，一套 50 平方米的住宅如果增加 40％的面积,即到 70 平方米,对个人的平均效用和年收入增加 1 740 元是等价的。上述低收入群体和其他群体之间等值货币的区别表明,低收入群体的整体生活满意度对收入的微小变动更加敏感。此外,本研究对 2006 年具有相同平均年收入水平的家庭的产权价值做了估计,结果是 63 880 元,是上述家庭平均年收入的近 4.5 倍。

最后,本研究还定量分析了房产价值对于中国城市居民主观幸福感的影响。研究发现,随着房价的上涨,拥有房产对主观幸福感的正面影响非常明显;同时,对房主而言,房产增值对主观幸福感的正面效应也很显著;不过,房贷的有无、是否拥有多套房产,对主观幸福感的影响并不大,这或许说明个人主观幸福感更多受名下所有房产总价值的影响;但是,控制了房产价值后,购房动机和资金来源两项因素对主观幸福感影响并不显著。尽管总体上房产价值越高所对应的主观幸福感越高,但这一相关性只有在东部地区的低收入房主群体中才会显著。可见,住房条件会影响个人的主观幸福感,但更重要的是,它对不同群体的影响路径是不一致的。

二、政策启示

上述研究对政策制定具有重要的参考价值。第一,个人的整体生活满意度受住房满意度的影响非常显著,体现了住房对中国居民日常生活的重要性。住房政策的意义不仅在于刺激经济、提供住所,还应当考虑将其作为提升居民生活满意度的手段。随着我国新型城镇化战略强调"以人为本",政府应当重视住房政策,以维护社会稳定和提升居民的生活满意度。第二,与现有政策对应的是,拥有房产对居民整体满意度和住房满意度都具有显著的提升效应,这一结果表明政策应当倾向于照顾首次购房者,增强其社会归属感。第三,影响不同群体生活满意度的决定因素各异,因此,针对不同的群体,应当采取差异化政策。不过研究发现,高、低收入群体之间的住房满意度差异并没有他们的整体生活满意度差异那么大。这一发现表明,虽然不同住房所带来的满意度存在差异,但相比于其他生活要素,住房可能反而具有填补生活满意度差距的效用。Shi 等(2016)以及 Zhou 和 Ronald (2017)认为国内对公租房的关注已再度升温。由此可以认为本研究的结论是对这类住房重要性的佐证。

　　而房产增值之所以能对中国居民的主观幸福感有正面影响,是因为过去二十年间中国的经济增长高度依赖房地产行业这一大背景。因此,政府应防止房地产市场过热;否则,房价下跌(房产贬值)和还贷压力将对房屋业主的主观幸福感带来双重打击。而如果考虑到主观幸福感与住房和城市中心区距离负相关这一发现,政府更应关注职住分离的趋势,尤其应为郊区提供基础公共服务及设施。此外,还需通过提升教育水平,提升居民的经济学与金融常识,加强其资产管理能力,降低因房产贬值所造成的幸福感下降,多渠道增强居民的主观幸福感。

　　正如本章开头所提出的阿玛蒂亚·森的观点,追求 GDP 的增长绝不是经济社会发展的终极目标,我们应当更加重视幸福感等这类用于衡量人类福祉的指标,以增进或改善人类福祉。因此,涉及住房政策的效果评价,政府可以将政策目标从住房拥有计划扩展到住房满意度计划,旨在通过改善住房条件来提高人们的住房满意度和整体幸福感。同时,随着党的十九大提出坚持"房子是用来住的,不是用来炒的"定位,以及不少城市租售同权等细则的落实,在以公共租赁住房、共有产权房等体现房屋居住功能为导向的住房政策实施中,本章的研究结论也强调了确保这类住房质量对于提高居民住房满意度进而保证政策实施效果的重要性。

第八章

研究总结与政策启示

第一节　本书的主要结论

本书基于近年来我国居民家庭高住房自有率与风险资产参与不足等现象,并结合我国家庭金融理论研究相对滞后这一现状,创新性地将住房纳入家庭资产配置行为的研究框架,从理论上梳理房价、家庭住房市值对家庭资产配置行为的影响及对居民投资偏好、消费结构、财富差距和经济增长等方面可能产生的效应,并以微观调查数据和城市面板数据为样本进行系统性实证检验。本书的主要研究结论如下。

(1) 房价、家庭住房市值和住房增值都明显提升了家庭的主观风险偏好以及家庭的股市参与率,但房价对于家庭风险资产占比的影响不显著,家庭住房市值和住房增值与家庭风险资产占比呈负相关关系。从居民个人特征来看,除性别外,年龄、婚姻状况、工作状况、是否移民都会显著影响居民的主观风险偏好;性别对主观风险偏好的影响并不显著;而居民的年龄、性别以及教育程度会显著影响居民的客观风险偏好,但家庭规模、居民婚姻状况、工作状况、是否移民对于家庭参与股市的概率和持有风险资产比重的影响均不显著。

在考虑是否有购房负债后,房价、住房市值、住房增值对于居民主观风险偏好和客观风险偏好均存在明显的异质性。具体来说,在无购房抵押负债的居民家庭中,房价、住房市值、住房增值均明显提高了居民的主观风险偏好,对有购房抵押负债的居民家庭的影响并不显著。从对于家庭股票参与率的影响来看,房价对于有无负债家庭的股市参与率都是显著的正向影响,而住房增值仅提升了无负债家庭居民的股市参与率,对有负债家庭的影响不显著;从对于家庭风险资产占比的影响来看,房价和住房增值对于有无负债的家庭的影响都是负效应;且居民个人特征对家庭客观风险偏好的影响主要体现在家庭是否有负债这一差异上。

考虑是否拥有多套房后,无论是一套房家庭还是多套房家庭,房价和住房市值对于居民主观风险偏好都具有明显的提升作用,但住房增值对主观风险偏好的影响并不显著;在居民客观风险偏好上,房价和房屋增值提高了居民的股市参与率,但由于住房市值的增加,降低了家庭风险资产在家庭总财富中的占比。在个人特征变量上,相比多套房家庭,一套房家庭的居民主观和客观风险偏好所受的约束条件更多。

(2)无论是以家庭旅游消费总量还是家庭人均旅游文娱支出作为被解释变量,均发现家庭住房财富增加显著地提升了家庭的旅游消费支出,即住房财富有助于提高家庭新兴消费支出;在时间趋势上,家庭获得住房产权的时间与旅游消费总支出呈现"U"形关系。

通过分离出家庭的抵押负债效应和净财富效应,发现房产对家庭旅游消费的影响主要表现为财富效应而不是抵押负债效应。进一步区分家庭是否有抵押贷款时发现,相比有住房抵押贷款的家庭,无住房抵押贷款的家庭其住房财富对家庭旅游支出的影响更加稳健;且无论是划分子样本还是引入交互项,都表明住房对家庭旅游支出的影响主要表现为财富效应,而抵押负债效应并不明显。

本研究就住房财富引致的旅游消费扩张对家庭不同类型消费品的一致性和替代性效应进行了检验,发现家庭住房财富的增加,虽然全面增加了家庭在旅游消费及其他类别消费品上的支出总量,但在消费支出比重上存在明显的排他性,家庭旅游消费扩张虽然没有影响家庭在必需品和耐用品上的消费支出,但挤出了家庭在培训教育方面的支出,从而降低了家庭总的新兴消费的比重。

(3)通过观察中国城市私人财富总量的演变趋势,发现财富不平等水平呈"U"形关系,而收入不平等曲线的走势刚好相反。出现这种趋势逆转的原因在于,住房自有率的提高伴随着家庭财富的大幅增长,中低收入家庭的财富增长和中产阶层住房自有率扩张的均等力量削弱了收入不平等的集中力量。进一步的分析表明,住房自有率的上升最初是由中低收入群体推动的,而后则是由中产收入家庭所推动的;住房资产占家庭总财富的比重随着房改期间住房拥有量的提高而上升。

采用省(区、市)级面板数据的固定效应模型回归分析结果表明,住房自有率对中国居民的财富不平等程度产生了显著的负向影响。受中低收入家庭购房和中产阶层换房的推动,住房自有率的上升成为房改期间调节财富分配的重要力量,且这一力量是外生的,并受再分配逻辑所支配。房改后期,住房自有率下降导致了财富分配集中化,原因是业主与非业主之间的贫富差距在拉大,而这是一种内生的市场驱动力。由于住房自有率主要受家庭住房支付能力所决定,房改实施后,中低收入家庭的财富状况不仅受到较低住房自有率的削弱,还受到房价上涨对于持有住房的中高收入家庭的财富增强效应的影响。

(4) 房价上涨通过影响劳动力流动和企业选择决策机制而影响地区经济收敛。以大中城市和长三角城市为样本,发现地区经济收敛不存在绝对收敛趋势,但存在条件收敛趋势;房价的快速上涨会降低地区经济的收敛速度,从而不利于缩小地区之间的经济差距。具体来说,当不考虑时间效应时,地区经济增长收敛速度为 0.129%;而当考虑时间效应时,经济增长收敛速度会提高到 0.194%。

受房价因素的影响,地区经济收敛趋势依赖于与房价的共同作用,经济增长本身不再收敛,甚至呈现出发散的趋势;且这一效应存在明显的时间段差异。从具体的影响机制来看,房价上涨不仅会影响劳动力的就业地选择,高房价抑制了流动人口在迁入地的购房意愿,同时也会推高地区的工资水平和用地价格,进而影响企业选址决策。

由此,无论是房价的空间选择机制引起的低技能劳动力在低房价区域聚集、高技能劳动力在高房价地区聚集,还是导致不同生产率的企业在选址过程中的分类聚集现象,都不利于落后地区生产率的提高,从而抑制地区经济增长的收敛,并拉大地区间的经济发展差距,也不利于推进长三角等地区经济一体化的发展。

（5）住房所有权与住房条件同样会对居民阶层地位认同产生影响。拥有住房产权能够增强居民的阶层认同,且拥有的房产数量越多、住房面积越大、社区类型越好,则相应的居民阶层地位认同越高,住房成为识别社会阶层特征的关键因素之一。此外,居民所在地区的住房价格会从整体上抑制居民的阶层认同及对未来的阶层期望。

从具体影响机制来看,在住房条件对于阶层认同的影响路径中,住房居住、权利、社会、投资属性都起着部分中介变量的作用,即住房产权的获得、住房条件的差异本身对于居民阶层认同具有直接作用,同时住房具有的消费品属性加强了这种作用,正是与住房息息相关的各种消费品属性使其成为阶层认同的重要影响因素。进一步的研究发现,住房的四种消费品属性中,投资属性带来的中介效应最为明显,拥有住房产权以及住房条件改善都会通过显著增加家庭财富的积累,进一步加强居民对于自身的阶层认同。

（6）住房条件和住房价值对于居民主观幸福感的影响。研究结果表明,居住特征对不同人群的影响并不一致。总体而言,相比整体幸福感,住房条件对个人住房满意度的影响更直接、更显著。尽管住房满意度是整体幸福感当中的重要一环,但个人社会经济因素对整体幸福感的影响效果还是更大。最后,货币等值分析的结果支持这一观点:对于较低收入的家庭而言,住房条件改善对他们的主观幸福感(生活满意度)提升更显著。同时,随着房价上涨,拥有住房对个人主观幸福感的正影响非常显著,但是否有房贷,或是否拥有多套房产,对个人主观幸福感的影响不大。尽管拥有住房对个人主观幸福感存在正影响,但其影响程度,只有对相对低收入群体和东部地区的居民才较为明显。房产增值对主观幸福感的提升作用也是显著的;而房贷并未影响房产价值在主观幸福感中的角色。此外,对于中国东部地区居民以及低收入群体而言,房产价值对主观幸福感的影响更显著。

随着房价上涨,拥有房产对个人主观幸福感的正面影响非常明显。同时,对房主而言,房产增值对其主观幸福感的正面效应也很显著;不过,有无房贷、是否拥有多套房产,对其主观幸福感的影响并不大,这或许说明个人主观幸福感更多受名下所有房产总价值的影响;在控制了房产价值后,购房动机和资金来源两个因素对主观幸福感的影响并不显著。尽管总体上房产价值越高所对应的主观幸福感越高,但这一相关性只有在东部地区的低收入房主群体中才比较显著。可以确定的是,住房条件会影响个人的主观幸福感,但更重要的是,其对不同群体的影响路径是不一致的。

第二节　本研究的政策启示

基于以上分析,本节分别从家庭投资者、金融服务机构和政府三个维度提出相关政策建议,包括引导居民家庭合理投资、规范金融服务机构的行为以及由政府相关决策部门制定并完善住房和财富分配政策等。

一、引导家庭资产合理配置

(1) 积极开展家庭投资者教育。近年来,随着我国国民经济的快速发展,居民可支配收入大幅增加,极大地拓宽了居民家庭的投资范围,家庭资产结构越加丰富,家庭可能面临的潜在投资风险也就越加复杂。投资者教育在我国资本市场的重要性日益凸显。随着市面上理财产品不断创新,各类投资品种定价机制渐趋复杂,广大家庭投资者也需要对各类理财产品进行深入而广泛的了解,才能更好地进行投资。因此,我们应当积极开展家庭投资者教育,包括倡导理性的投资观念,为家庭普及投资知识并培养部分家庭成员的投资技能,向其传授相关投资经验,提示相关的投资风险,以及告知家庭投资者其权利及保护途径等。

(2) 进行投资规划,引导家庭合理投资。对于不同的家庭来说,家庭的收入水平和财富积累状况可能存在差异;对于同一家庭来说,在不同的阶段,家庭的财富积累、现金需求和风险承受力也都有所不同。因此,应当针对不同家庭或同一家庭的不同阶段制定差异化投资目标,根据家庭的财富状况和未来的变化趋势,制订和实施家庭投资规划的具体方案,从而有效引导不同收入阶层的居民家庭合理配置资产,帮助家庭投资者更好地进行投资,实现不同家庭或同一家庭不同阶段的目标。投资规划涵盖家庭生命周期中每一个阶段的投资目标的确立与实现、家庭现金流量预算与管理、家庭资产负债分析、家庭个人风险管理与保险规划以及教育与退休规划等多个方面。

(3) 优化投资途径，创新金融管理体系。对于绝大多数的家庭来说，其获取的财产性收入都与房产增值有关。由于目前大多数的金融理财工具和产品还存在明显的进入门槛，这就抑制了不少居民家庭可能获取财产性收入的途径。因此，对于金融机构来说，应当创新金融管理体系，进一步降低金融投资和服务的进入门槛，让百姓拥有越来越多的金融理财工具和产品，切实保护居民财产投资利益，从而推动金融服务的普惠性。与此同时，还应强化对现有投资理财渠道的监管以及交易方式的规范。

二、完善城市住房供应和增值分配体系

在当前的城市住房体系下，政府还应致力于采取扩大部分高房价城市的房屋有效供给、促进不同城市公共服务均等化等措施，平抑部分城市的高房价现象，防止房价过度分化进而拉大区域经济差距。同时，进一步完善保障性住房的建设和分配机制，重点解决低技能劳动者、低收入者的住房保障问题，避免房价成为社会分层的重要推手。具体来说，高房价城市应当关注流动人口（尤其是低技能劳动力）的住房可得性，尝试通过建设人才公寓等措施以吸引劳动力往高生产率地区流入。

实施原则上，应当以政府投资为主、经营公（廉）租房为主体，多渠道解决中低收入流动人口的住房问题。由于中低收入流动人口的住房问题具有一定的社会保障性质，不能彻底交给市场解决，应当在政府主导的前提下，适当发挥市场机制，如吸引社会资金的参与。在供给模式上，为适应近年来保障性住房以"租"代"售"模式的趋势，形成以政府投资为主、适当引入社会力量参与、共同经营的公（廉）租房供应主体。当前城市政府建设公（廉）租房的最大障碍是受"土地财政"的制约，建议将公（廉）租房用地指标计划单列，规定公（廉）租房建设用地不占城市普通建设用地指标。这样一来，既可激发城市政府建设公（廉）租房的积极性，又可在公寓投入运营后为其提供稳定的收入来源。

此外，还需要着手建立合理的房地产投资渠道和房产增值的分配体系，以缓解住房不平等引起的社会阶层固化问题，如加快建立房地产信托投资基金（REITs），提供有效合理的住房投资渠道；在开征房地产税之前，建立合理完善的房地产税抵扣和使用方案，在全社会范围内合理分配房地产价值上升带来的收益；等等。

三、落实"以人为本"的住房政策

进一步加大民生投入，扩大城市公共服务的供给，促进公共服务均等化等"治本之策"的实现。积极建立起更加公平的住房获取及获利政策是解决住房带来的阶层分化的重要任务。

对政府而言，一方面需要提供更多的住房福利政策，使低收入群体更可能拥有住房，或使各阶层群体拥有更高质量的住房，以缩小社会阶层之间的落差，缓冲各阶层的冲突。另一方面，住房条件和住房满意度对居民个人幸福感的影响非常显著，体现了住房对中国居民日常生活的重要性。因此，住房政策应当考虑将此作为提升居民生活满意度的手段。就住房政策的效果评价而言，政府可以将政策目标从住房拥有计划扩展到住房满意度计划，旨在通过改善住房条件来提高人们的住房满意度和整体幸福感。同时，随着党的十九大提出坚持"房子是用来住的，不是用来炒的"定位，以及不少城市租售同权等细则的落实，在以公共租赁住房、共有产权房等体现房屋居住功能为导向的住房政策实施中，本研究的结论也强调了确保这类住房质量对于提高居民住房满意度进而保证政策实施效果的重要性。

参 考 文 献

［1］阿玛蒂亚·森.以自由看待发展［M］.任赜,于真,译.北京:中国人民大学出版社,2002.

［2］安虎森,颜银根,朴银哲.城市高房价和户籍制度:促进或抑制城乡收入差距扩大? ——中国劳动力流动和收入差距扩大悖论的一个解释［J］.世界经济文汇,2011(4):41-54.

［3］边燕杰,刘勇利.社会分层、住房产权与居住质量:对中国"五普"数据的分析［J］.社会学研究,2005(3):82-98,243.

［4］蔡禾,何艳玲.集体消费与社会不平等:对当代资本主义都市社会的一种分析视角［J］.学术研究,2004(1):56-64.

［5］蔡禾,黄建宏.谁拥有第二套房?:市场转型与城市住房分化［J］.吉林大学社会科学学报,2013,53(4):102-114,175-176.

［6］蔡禾,张应祥.城市社会学:理论与视野［M］.广州:中山大学出版社,2003.

［7］曾光,周伟林.长三角城市经济增长差异的实证分析［J］.浙江社会科学,2006(6):31-39.

［8］陈斌开,李涛.中国城镇居民家庭资产:负债现状与成因研究［J］.经济研究,2011,46(S1):55-66,79.

［9］陈健,陈杰,高波.信贷约束、房价与居民消费率:基于面板门槛模型的研究［J］.金融研究,2012(4):45-57.

［10］陈彦斌,邱哲圣.高房价如何影响居民储蓄率和财产不平等［J］.经济研究,2011,46(10):25-38.

［11］陈彦斌.中国城乡财富分布的比较分析［J］.金融研究,2008(12):87-100.

［12］陈永伟,顾佳峰,史宇鹏.住房财富、信贷约束与城镇家庭教育开支:来自CFPS2010数据的证据［J］.经济研究,2014,49(S1):89-101.

［13］陈永伟,史宇鹏,权五燮.住房财富、金融市场参与和家庭资产组合选择:来自中国城市的证据［J］.金融研究,2015(4):1-18.

[14] 陈周旺,汪仕凯.工人政治[M].上海:复旦大学出版社,2013.

[15] 戴慧思.中国都市消费革命[M].北京:社会科学文献出版社,2006.

[16] 戴维·格伦斯基.社会分层[M].王俊,译.北京:华夏出版社,2005.

[17] 杜两省,程博文.金融摩擦、收入风险与财富不平等[J].金融研究,2020(7):75-94.

[18] 恩格斯.论住宅问题[M].曹葆华,关其侗,译.北京:人民出版社,1951.

[19] 范红忠,侯亚萌.住房因素对城市居民幸福感的影响[J].城市问题,2017(4):64-69.

[20] 冯云廷.居住隔离、邻里选择与城市社区空间秩序重构[J].浙江社会科学,2018(9):70-76,157.

[21] 甘犁,尹志超,贾男,等.中国家庭资产状况及住房需求分析[J].金融研究,2013(4):1-14.

[22] 高波,陈健,邹琳华.区域房价差异、劳动力流动与产业升级[J].经济研究,2012,47(1):66-79.

[23] 高波,王辉龙.长三角房地产价格波动与居民消费的实证分析[J].产业经济研究,2011(1):1-10.

[24] 高明,刘玉珍.跨国家庭金融比较:理论与政策意涵[J].经济研究,2013,48(2):134-149.

[25] 郭庆旺,贾俊雪,赵志耘.中国传统文化信念、人力资本积累与家庭养老保障机制[J].经济研究,2007(8):58-72.

[26] 韩立岩,杜春越.城镇家庭消费金融效应的地区差异研究[J].经济研究,2011,46(S1):30-42.

[27] 浩春杏.阶层视野中的城市居民住房梯度消费:以南京为个案的社会学研究[J].南京社会科学,2007(3):71-81.

[28] 何立新,封进,佐藤宏.养老保险改革对家庭储蓄率的影响:中国的经验证据[J].经济研究,2008,43(10):117-130.

[29] 何小青.论消费分层[J].浙江学刊,2007(6):72-76.

[30] 何晓斌,夏凡.中国体制转型与城镇居民家庭财富分配差距:一个资产转换的视角[J].经济研究,2012,47(2):28-40,119.

[31] 洪涛.房地产价格波动与消费增长:基于中国数据的实证分析及理论解释[J].南京社会科学,2006(5):54-58.

[32] 洪兴建.中国地区差距、极化与流动性[J].经济研究,2010,45(12):82-96.

[33] 胡荣,张义祯.阶层归属与地位认定问题研究[J].东南学术,2005(6):85-92.

[34] 胡蓉.市场化转型下的住房不平等:基于 CGSS 2006 调查数据[J].社会,2012,32(1):

126 - 151.

[35] 胡艳君,李应博.长江三角洲地区经济差异成因分析：对长三角 16 市的考察[J].中国人口·资源与环境,2010,20(S1)：59 - 62.

[36] 胡艳君.长三角地区经济差异的收敛性分析[J].统计与决策,2011(5)：127 - 129.

[37] 黄静,崔光灿,张传勇.房价上涨、住房财产差距与动态流动性[J].上海财经大学学报,2017,19(1)：37 - 48.

[38] 黄静,屠梅曾.房地产财富与消费：来自于家庭微观调查数据的证据[J].管理世界,2009(7)：35 - 45.

[39] 黄凌灵,刘志新.中国居民跨期住房租赁—购置行为动态优化建模及分析[J].系统工程,2007(10)：58 - 63.

[40] 黄平,李奇泽.经济全球化、金融资源占有与居民财富不平等[J].国外社会科学,2020(3)：44 - 59.

[41] 靳永爱,谢宇.中国城市家庭财富水平的影响因素研究[J].劳动经济研究,2015,3(5)：3 - 27.

[42] 孔行,刘治国,于渤.使用者成本、住房按揭贷款与房地产市场有效需求[J].金融研究,2010(1)：186 - 196.

[43] 李斌.社会排斥理论与中国城市住房改革制度[J].社会科学研究,2002(3)：106 - 110.

[44] 李凤,罗建东,路晓蒙,等.中国家庭资产状况、变动趋势及其影响因素[J].管理世界,2016(2)：45 - 56,187.

[45] 李怀,程华敏.消费分层：一个社会分层的重要维度[J].江汉论坛,2010(1)：130 - 133.

[46] 李骏.住房产权与政治参与：中国城市的基层社区民主[J].社会学研究,2009,24(5)：57 - 82,243 - 244.

[47] 李培林,张翼.消费分层：启动经济的一个重要视点[J].中国社会科学,2000(1)：52 - 61,205.

[48] 李培林,朱迪.努力形成橄榄型分配格局：基于 2006—2013 年中国社会状况调查数据的分析[J].中国社会科学,2015(1)：45 - 65,203.

[49] 李强,王美琴.住房体制改革与基于财产的社会分层秩序之建立[J].学术界,2009(4)：25 - 33.

[50] 李实,魏众,丁赛.中国居民财产分布不均等及其原因的经验分析[J].经济研究,2005(6)：4 - 15.

[51] 李实,魏众,B.古斯塔夫森.中国城镇居民的财产分配[J].经济研究,2000(3)：16 - 23,79.

[52] 李涛,陈斌开.家庭固定资产、财富效应与居民消费:来自中国城镇家庭的经验证据 [J].经济研究,2014,49(3):62-75.

[53] 李涛,郭杰.风险态度与股票投资[J].经济研究,2009,44(2):56-67.

[54] 李涛,李红.双方关系、关系网络、法院与政府:中国非国有企业间信任的研究[J].经济 研究,2004(11):85-95.

[55] 李涛,史宇鹏,陈斌开.住房与幸福:幸福经济学视角下的中国城镇居民住房问题[J]. 经济研究,2011,46(9):69-82,160.

[56] 李涛.参与惯性和投资选择[J].经济研究,2007(8):95-109.

[57] 李涛.社会互动与投资选择[J].经济研究,2006(8):45-57.

[58] 梁运文,霍震,刘凯.中国城乡居民财产分布的实证研究[J].经济研究,2010,45(10): 33-47.

[59] 林江,周少君,魏万青.城市房价、住房产权与主观幸福感[J].财贸经济,2012(5): 114-120.

[60] 林晓珊,张翼.制度变迁与消费分层:消费不平等的一个分析视角[J].兰州大学学报 (社会科学版),2014,42(1):8-15.

[61] 刘洪玉,杨帆.中国主要城市住房供给价格弹性估计与比较研究[J].社会科学辑刊, 2012(6):112-119.

[62] 刘精明,李路路.阶层化:居住空间、生活方式、社会交往与阶层认同——我国城镇社会 阶层化问题的实证研究[J].社会学研究,2005(3):52-81,243.

[63] 刘欣,胡安宁.中国公众的收入公平感:一种新制度主义社会学的解释[J].社会,2016, 36(4):133-156.

[64] 刘欣,朱妍.中国城市的社会阶层与基层人大选举[J].社会学研究,2011,26(6):34- 58,242-243.

[65] 刘雪松.论人口自然结构变动对城市家庭旅游消费的影响[D].长春:吉林大学,2015.

[66] 刘祖云,毛小平.中国城市住房分层:基于2010年广州市千户问卷调查[J].中国社会科 学,2012(2):94-109,206-207.

[67] 龙江智,李恒云.中国城镇居民国内旅游消费模式[J].地理研究,2012,31(1): 155-168.

[68] 龙志和,周浩明.中国城镇居民预防性储蓄实证研究[J].经济研究,2000(11): 33-38,79.

[69] 芦恒.房地产与阶层定型化社会:读《房地产阶级社会》[J].社会,2014,34(4):229-242.

[70] 陆铭,张航,梁文泉.偏向中西部的土地供应如何推升了东部的工资[J].中国社会科学,

2015(5)：59 - 83,204 - 205.

[71] 罗楚亮.收入增长、收入波动与城镇居民财产积累[J].统计研究,2012,29(2)：34 - 41.

[72] 毛小平.社会分层、城市住房消费与贫富分化：基于 CGSS 2005 数据的分析[J].兰州学刊,2010(1)：117 - 123.

[73] 闵学勤.社会分层下的居住逻辑及其中国实践[J].开放时代,2012(1)：110 - 118.

[74] 宁光杰.住房改革、房价上涨与居民收入差距扩大[J].当代经济科学,2009,31(5)：52 - 58,125 - 126.

[75] 裴凌罡.从民生视角看新中国城市住房供给制度变迁[J].中国经济史研究,2017(5)：144 - 153.

[76] 史代敏,宋艳.居民家庭金融资产选择的实证研究[J].统计研究,2005(10)：43 - 49.

[77] 宋勃.房地产市场财富效应的理论分析和中国经验的实证检验：1998—2006[J].经济科学,2007(5)：41 - 53.

[78] 孙楚仁,田国强.基于财富分布 Pareto 法则估计我国贫富差距程度：利用随机抽样恢复总体财富 Pareto 法则[J].世界经济文汇,2012(6)：1 - 27.

[79] 孙涛,黄少安.非正规制度影响下中国居民储蓄、消费和代际支持的实证研究：兼论儒家文化背景下养老制度安排的选择[J].经济研究,2010,45(S1)：51 - 61.

[80] 孙伟增,郑思齐.住房与幸福感：从住房价值、产权类型和入市时间视角的分析[J].经济问题探索,2013(3)：1 - 9.

[81] 托马斯·皮凯蒂.21 世纪资本论[M].巴曙松,等译.北京：中信出版社,2014.

[82] 王江,廖理,张金宝.消费金融研究综述[J].经济研究,2010,45(S1)：5 - 29.

[83] 王宁.从苦行者社会到消费者社会[M].北京：社会科学文献出版社,2009.

[84] 王子龙,许箫迪,徐浩然.房地产市场财富效应理论与实证研究[J].财贸经济,2008(12)：116 - 122,141.

[85] 吴缚龙,约翰·罗根,唐磊,等.农村移民的城市归属感：基于北京市社区邻里关系的研究[J].国外社会科学,2017(1)：154 - 156.

[86] 吴卫星,钱锦晔.住房投资与家庭金融资产选择：基于中国居民家庭调查的实证分析[Z].中国金融国际年会投稿论文,2010.

[87] 吴卫星,荣苹果,徐芊.健康与家庭资产选择[J].经济研究,2011,46(S1)：43 - 54.

[88] 吴卫星,邵旭方,陶利斌.家庭财富不平等会自我放大吗?：基于家庭财务杠杆的分析[J].管理世界,2016(9)：44 - 54.

[89] 吴卫星,易尽然,郑建明.中国居民家庭投资结构：基于生命周期、财富和住房的实证分析[J].经济研究,2010,45(S1)：72 - 82.

［90］谢洁玉,吴斌珍,李宏彬,等.中国城市房价与居民消费［J］.金融研究,2012(6)：
　　　13-27.

［91］徐晓军.论我国社区的阶层化趋势［J］.社会科学,2000(2)：52-55,59.

［92］许汉泽,徐明强.城市居民社区政治参与影响因素的实证分析［J］.西南石油大学学报
　　　(社会科学版),2013,15(5)：66-71.

［93］颜色,朱国钟."房奴效应"还是"财富效应"？：房价上涨对国民消费影响的一个理论分
　　　析［J］.管理世界,2013(3)：34-47.

［94］杨耀武,阎晶晶,杨澄宇.房屋资产与居民消费——来自中国和欧元区国家的证据：
　　　第十三届中国青年经济学者论坛［Z］.北京,2013.

［95］姚枝仲,周素芳.劳动力流动与地区差距［J］.世界经济,2003(4)：35-44.

［96］尹志超,甘犁.中国住房改革对家庭耐用品消费的影响［J］.经济学(季刊),2010,9(1)：
　　　53-72.

［97］尹志超,黄倩.股市有限参与之谜研究述评［J］.经济评论,2013(6)：144-150.

［98］于蓉.我国家庭金融资产选择行为研究［D］.广州：暨南大学,2006.

［99］原鹏飞,王磊.我国城镇居民住房财富分配不平等及贡献率分解研究［J］.统计研究,
　　　2013,30(12)：69-76.

［100］臧旭恒,等.居民资产与消费选择行为分析［M］.上海：上海人民出版社,2001.

［101］张传勇,罗峰,黄芝兰.住房属性嬗变与城市居民阶层认同：基于消费分层的研究视域
　　　［J］.社会学研究,2020,35(4)：104-127,243-244.

［102］张传勇,王丰龙.住房财富与旅游消费：兼论高房价背景下提升新兴消费可行吗［J］.
　　　财贸经济,2017,38(3)：83-98.

［103］张传勇,张永岳,武霁.房价波动存在收入分配效应吗：一个家庭资产结构的视角［J］.
　　　金融研究,2014(12)：86-101.

［104］张传勇.基于"模型—实证—模拟"框架的家庭金融研究综述［J］.金融评论,2014,6
　　　(2)：102-109,126.

［105］张传勇.劳动力流动、房价上涨与城市经济收敛：长三角的实证分析［J］.产业经济研
　　　究,2016(3)：82-90.

［106］张传勇.住房差异是否影响了家庭收入不平等？机制、假说与检验［J］.南开经济研究,
　　　2018(1)：67-85.

［107］张传勇.住房投资、家庭资产配置与社会财富分配［J］.学术月刊,2014,46(12)：
　　　109-114.

［108］张光利,刘小元.住房价格与居民风险偏好［J］.经济研究,2018,53(1)：110-123.

[109] 张海东,杨城晨.住房与城市居民的阶层认同:基于北京、上海、广州的研究[J].社会学研究,2017,32(5):39-63,243.

[110] 张海云.我国家庭金融资产选择行为及财富分配效应[J].中国城市金融,2013(6):80.

[111] 张继良,张奇.基于空间经济学的长三角区域经济差距研究[J].统计研究,2009,26(12):41-48.

[112] 张金宝.经济条件、人口特征和风险偏好与城市家庭的旅游消费:基于国内24个城市的家庭调查[J].旅游学刊,2014,29(5):31-39.

[113] 张磊.业主维权运动:产生原因及动员机制:对北京市几个小区个案的考查[J].社会学研究,2005(6):1-39,243.

[114] 张文宏,刘琳.住房问题与阶层认同研究[J].江海学刊,2013(4):91-100.

[115] 张翔,李伦一,柴程森,等.住房增加幸福:是投资属性还是居住属性?[J].金融研究,2015(10):17-31.

[116] 张学良.长三角地区经济收敛及其作用机制:1993—2006[J].世界经济,2010,33(3):126-140.

[117] 张学良.中国区域经济收敛的空间计量分析:基于长三角1993—2006年132个县市区的实证研究[J].财经研究,2009,35(7):100-109.

[118] 张杨波,吴喜.西方"住房阶级"理论演变与经验争辩[J].国外社会科学,2011(2):32-37.

[119] 张紫琼,ROB LAW,刘挺.旅游重要性感知、旅游动机与人口特征:基于香港居民调查数据的实证研究[J].旅游科学,2012,26(5):76-84.

[120] 赵人伟.我国居民收入分配和财产分布问题分析[J].当代财经,2007(7):5-11.

[121] 赵晔琴,梁翠玲.融入与区隔:农民工的住房消费与阶层认同:基于CGSS 2010的数据分析[J].人口与发展,2014,20(2):23-32.

[122] 周京奎,等.中国城市家庭住房消费调查报告(2015)[M].北京:经济科学出版社,2016.

[123] 周铭山,孙磊,刘玉珍.社会互动、相对财富关注及股市参与[J].金融研究,2011(2):172-184.

[124] 周膺,吴晶.中国的房地产消费文化[M].杭州:浙江工商大学出版社,2010.

[125] 朱亚鹏.住房制度改革:政策创新与住房公平[M].广州:中山大学出版社,2007.

[126] AGNEW J, BALDUZZI P, SUNDEN A. Portfolio choice and trading in a large 401 (k) plan [J]. American economic review, 2003, 93(1):193-215.

[127] AMERIKS J, ZELDES S P. How do household portfolio shares vary with age? [R].

Working paper: Columbia university, 2004.

[128] ANDRE S, DEWILDE C, MUFFELS R. Do housing wealth and tenure (change) moderate the relationship between divorce and subjective well-being? [R]. Working paper series: HOWCOME, 2017.

[129] AONO K, IWAISAKO T. Forecasting Japanese stock returns with financial ratios and other variables[J]. Asia-Pacific financial markets, 2011, 18(4): 373 – 384.

[130] ARON J, DUCA J V, MUELLBAUER J, et al. Credit, housing collateral, and consumption: evidence from Japan, the U.K., and the U.S.[J]. Review of income and wealth, 2012, 58(3): 397 – 423.

[131] ARRONDEL L, LEFEBVRE B. Consumption and investment motives in housing wealth accumulation: a french study[J]. Journal of urban economics, 2001, 50(1): 112 – 137.

[132] AZIMI N, ESMAEILZADEH Y. Assessing the relationship between house types and residential satisfaction in Tabriz, Iran[J]. International journal of urban sciences, 2017, 21(2): 185 – 203.

[133] BADARINZA C, CAMPBELL J Y, RAMADORAI T. International comparative household finance[J]. Annual review of economics, 2016(8): 111 – 144.

[134] BAKER M, GRUBER J, MILLIGAN K. Income security programs and retirement in Canada[M] //Social security programs and retirement around the world. Micro-estimation university of Chicago press, 2004: 99 – 152.

[135] BALFOUR D L, SMITH J L. Transforming lease-purchase housing programs for low income families: towards empowerment and engagement[J]. Journal of urban affairs, 1996, 18(2): 173 – 188.

[136] BARRO R J, SALA-I-MARTIN X. Convergence[J]. Journal of political economy, 1992, 100(2): 223 – 251.

[137] BARRO R J. Economic growth in a cross section of countries[J]. The quarterly journal of economics, 1991, 106(2): 407 – 443.

[138] BECCHETTI L, PISANI F. Family money, relational life and (class) relative wealth: an empirical analysis on life satisfaction of secondary school students[R]. Working paper: CEIS, 2012(223).

[139] BECK T, DEMIRGÜÇ-KUNT A, MAKSIMOVIC V. Bank competition and access to finance: international evidence[J]. Journal of money, credit and banking, 2004,

36(3): 627 – 648.

[140] BENJAMIN J D, CHINLOY P, JUD G D. Real estate versus financial wealth in consumption[J]. The journal of real estate finance and economics, 2004, 29(3): 341 – 354.

[141] BENZONI L, COLLIN-DUFRESNE P, GOLDSTEIN R S. Portfolio choice over the life-cycle when the stock and labor markets are cointegrated [J]. The journal of finance, 2007, 62(5): 2123 – 2167.

[142] BERISHA E, MESZAROS J. Macroeconomic determinants of wealth inequality dynamics[J]. Economic modelling, 2020, 89(6): 153 – 165.

[143] BERKOWITZ M K, QIU J. A further look at household portfolio choice and health status[J]. Journal of banking & finance, 2006, 30(4): 1201 – 1217.

[144] BERNINI C, CRACOLICI M F. Demographic change, tourism expenditure and life cycle behaviour[J]. Tourism management, 2015(47): 191 – 205.

[145] BERTAUT C C, STARR-MCCLUER M. Household pensions in the United States [M]. Cambridge, MA: MIT press, 2002.

[146] BIAN Y, LOGAN J R. Market transition and the persistence of power: the changing stratification system in urban china[J]. American sociological review, 1996, 61(5): 739 – 739.

[147] BIAN Y. Chinese social stratification and social mobility[J]. Annual review of sociology, 2002, 28(28): 91 – 116.

[148] BLUNDELL R, ETHERIDGE B. Consumption, income and earnings inequality in Britain[J]. Review of economic dynamics, 2010, 13(1): 76 – 102.

[149] BOSTIC R, GABRIEL S, PAINTER G. Housing wealth, financial wealth, and consumption: new evidence from micro data [J]. Regional science and urban economics, 2009, 39(1): 79 – 89.

[150] BREUER W, RIESENER M, SALZMANN A J. Risk aversion vs. individualism: what drives risk taking in household finance? [J]. The European journal of finance, 2014, 20(5): 446 – 462.

[151] BROOKS C. Introductory econometrics for finance [M]. 2nd ed. London: Cambridge university press, 2008.

[152] BROWN S, TAYLOR K, PRICE S W. Debt and distress: evaluating the psychological cost of credit[J]. Journal of economic psychology, 2005, 26(5): 642 – 663.

[153] BUCCHIANERI G W. The American dream? The private and external benefits of home-ownership[R]. Working Paper: The Wharton School of Business, 2009.

[154] BUCKS B K, KENNICKELL A B, MACH T L, et al. Changes in U. S. family finances from 2004 to 2007: evidence from the survey of consumer finances[J]. Federal reserve bulletin, 2009, 95(2): A1 - A56.

[155] CALVET L E, SODINI P. Twin picks: disentangling the determinants of risk-taking in household portfolios[J]. Journal of finance, 2014, 69(2): 867 - 906.

[156] CAMPBELL J Y, COCCO J F. How do house prices affect consumption? Evidence from micro data[J]. Journal of monetary economics, 2007, 54(3): 591 - 621.

[157] CAMPBELL J Y. Household finance[J]. The journal of finance, 2006, 61 (4): 1553 - 1604.

[158] CAMPBELL S D, DELIKOURAS S, JIANG D, et al. The human capital that matters: expected returns and high-income households[J]. The review of financial studies, 2016, 29(9): 2523 - 2563.

[159] CAO Y, CHEN J, ZHANG Q. Housing investment in urban China[J]. Journal of comparative economics, 2018,46(1): 212 - 247.

[160] CASE K E, QUIGLEY J M, SHILLER R J. Comparing wealth effects: the stock market versus the housing market[J]. Advances in macroeconomic, 2005, 5 (1): 1235 - 1235.

[161] CASE K E, QUIGLEY J M. How housing booms unwind: income effects, wealth effects, and feedbacks through financial markets[J]. European journal of housing policy, 2008, 8(2): 161 - 180.

[162] CHAMON M D, PRASAD E S. Why are saving rates of urban households in China rising? [J]. American economic journal: macroeconomics, 2010, 2(1): 93 - 130.

[163] CHEN J, WU Y, GUO F, et al. Domestic property and housing class in contemporary urban China[J]. Journal of housing and the built environment, 2018, 33(1): 91 - 109.

[164] CHENG Z, KING S P, SMYTH R, et al. Housing property rights and subjective well-being in urban China[J]. European journal of political economy, 2016(45): 160 - 174.

[165] CHETTY R, SANDOR L, SZEIDL A. The effect of housing on portfolio choice[J]. The journal of finance, 2017, 72(3): 1171 - 1212.

[166] CHETTY R, SZEIDL A. Consumption commitments and risk preferences[J]. The quarterly journal of economics, 2007, 122(2): 831 - 877.

[167] CHIEN M. Structural breaks and the convergence of regional house prices[J]. The journal of real estate finance and economics, 2010, 40(1): 77 - 88.

[168] CHIVAKUL M, LAM M R W, LIU X, et al. Understanding residential real estate in China[R]. Working paper: International Monetary Fund, 2015.

[169] CHRISTELIS D, GEORGARAKOS D, HALIASSOS M. Differences in portfolios across countries: economic environment versus household characteristics[J]. Review of economics and statistics, 2013, 95(1): 220 - 236.

[170] CHYI H, MAO S. The determinants of happiness of China's elderly population[J]. Journal of happiness studies, 2012, 13(1): 167 - 185.

[171] CLAPHAM D, FOYE C, CHRISTIAN J. The concept of subjective well-being in housing research[J]. Housing, theory and society, 2018, 35(3): 261 - 280.

[172] CLAPHAM D. Happiness, well-being and housing policy[J]. Policy & politics, 2010, 38(2): 253 - 267.

[173] CLARK A E, DIENER E, GEORGELLIST Y, et al. Lags and leads in life satisfaction: a test of the baseline hypothesis[J]. The economic journal, 2008, 118(529): F222 - F243.

[174] COCCO J F. Portfolio choice in the presence of housing[J]. The review of financial studies, 2005, 18(2): 535 - 567.

[175] COOPER R, ZHU G. Household finance in China[R]. Woring paper: National Bureau of Economic Research, 2017.

[176] CULLIS J, HUDSON J, JONES P. A different rationale for redistribution: pursuit of happiness in the European Union[J]. Journal of happiness studies, 2011, 12(2): 323 - 341.

[177] DAVIES J B, SANDSTROM S, SHORROCKS A, et al. The level and distribution of global household wealth[J]. The economic journal, 2011, 121(551): 223 - 254.

[178] DE SANTIS R A, GERARD B. Financial integration, international portfolio choice and the European Monetary Union[R]. Working paper: European Central Bank, 2006.

[179] DIAZ-SERRANO L. Disentangling the housing satisfaction puzzle: does home-ownership really matter? [J]. Journal of economic psychology, 2009, 30(5): 745 - 755.

[180] DICECIO R, GASCON C S. Income convergence in the United States: a tale of migration and urbanization[J]. The annals of regional science, 2010, 45(2): 365 - 377.

[181] DIETZ R D, HAURIN D R. The social and private micro-level consequences of home-ownership[J]. Journal of urban economics, 2003, 54(3): 401 - 450.

[182] DOLAN P, PEASGOOD T, WHITE M. Do we really know what makes us happy? A review of the economic literature on the factors associated with subjective well-being [J]. Journal of economic psychology, 2008, 29(1), 94 – 122.

[183] DUNLEAVY P. BUREAUCRATS, Budgets and the growth of the state: reconstructing an instrumental model[J]. British journal of political science, 1985, 15(3): 299 – 328.

[184] DUNN J R. Housing and health inequalities: review and prospects for research[J]. Housing studies, 2000, 15(3): 341 – 366.

[185] EL-ATTAR M, POSCHKE M. Trust and the choice between housing and financial assets: evidence from Spanish households[J]. Review of finance, 2011, 15(4): 727 – 756.

[186] ELSINGA M, HOEKSTRA J. Home-ownership and housing satisfaction [J]. Journal of housing and the built environment, 2005, 20(4): 401 – 424.

[187] ENGELHARDT G V. House prices and home owner saving behavior[J]. Regional science and urban economics, 1996, 26(3 – 4): 313 – 336.

[188] EPSTEIN L G, ZIN S E. Substitution, risk aversion, and the temporal behavior of consumption and asset returns: a theoretical framework[J]. Econometrica, 1989,57(4): 937 – 969.

[189] FANG H, GU Q, XIONG W, et al. Demystifying the Chinese housing boom [J]. NBER macroeconomics annual, 2016, 30(1): 105 – 166.

[190] FERNANDEZ-VILLAVERDE J, KRUEGER D. Consumption and saving over the life cycle: how important are consumer durables? [J]. Macroeconomic dynamics, 2011, 15(5): 725 – 770.

[191] FERREIRA F, GIGNOUX J, ARAN M. Measuring inequality of opportunity with imperfect data: the case of Turkey [J]. The journal of economic inequality, 2011, 9(4): 651 – 680.

[192] FLAVIN M, NAKAGAWA S. A model of housing in the presence of adjustment costs: a structural interpretation of habit persistence[J]. American economic review, 2008, 98(1): 474 – 495.

[193] FLAVIN M, YAMASHITA T. Owner-occupied housing and the composition of the household portfolio[J]. American economic review, 2002, 92(1): 345 – 362.

[194] FLAVIN M, YAMASHITA T. Owner-occupied housing: life-cycle implications for the household portfolio[J]. American economic review, 2011, 101(3): 609 – 614.

[195] FLORIDA R, MELLANDER C, RENTFROW P J. The happiness of cities[J]. Regional

studies, 2013, 47(4): 613 – 627.

[196] FOYE C, CLAPHAM D, GABRIELI T. Home-ownership as a social norm and positional good: subjective well-being evidence from panel data[J]. Urban studies, 2018, 55(6): 1290 – 1312.

[197] FOYE C. The relationship between size of living space and subjective well-being[J]. Journal of happiness studies, 2017, 18(2): 427 – 461.

[198] FRATANTONI M C. Home-ownership and investment in risky assets[J]. Journal of urban economics, 1998, 44(1): 27 – 42.

[199] FREY B S, STUTZER A. What can economists learn from happiness research? [J]. Journal of economic literature, 2002, 40(2): 402 – 435.

[200] GALSTER G. Identifying the correlates of dwelling satisfaction: an empirical critique [J]. Environment and behavior, 1987, 19(5): 539 – 568.

[201] GAN J. Housing wealth and consumption growth: evidence from a large panel of households[J]. The review of financial studies, 2010, 23(6): 2229 – 2267.

[202] GAN L, YIN N, JIA N, et al. Data you need to know about China: research report of China household finance survey 2012[M]. New York: Springer, 2013.

[203] GEORGARAKOS D, PASINI G. Trust, sociability, and stock market participation [J]. Review of finance, 2011, 15(4): 693 – 725.

[204] GLAESER E L, GYOURKO J, SAIZ A. Housing supply and housing bubbles[J]. Journal of urban economics, 2008, 64(2): 198 – 217.

[205] GOMES F, MICHAELIDES A. Optimal life-cycle asset allocation: understanding the empirical evidence [J]. The journal of finance, 2005, 60(2): 869 – 904.

[206] GOODHART C, HOFMANN B. House prices, money, credit, and the macroeconomy [J]. Oxford review of economic policy, 2008, 24(1): 180 – 205.

[207] GRAHAM E, MANLEY D, HISCOCK R. Mixing housing tenures: is it good for social well-being? [J]. Urban Studies, 2009, 46(1): 139 – 165.

[208] GREEN R K, WHITE M J. Measuring the benefits of homeowning: effects on children[J]. Journal of urban economics, 1997, 41(3): 441 – 461.

[209] GREEN R K. Homeowning, social outcomes, tenure choice, and U.S. housing policy [J]. Cityscape, 2001, 5(2): 21 – 29.

[210] GREENE W. H. Econometric analysis[M]. 7th ed. New York: Pearson education international, 2012.

[211] GROSSMAN S J, LAROQUE G. Asset pricing and optimal portfolio choice in the presence of illiquid durable consumption goods[J]. Econometrica, 1990, 58(1): 25-51.

[212] GUISO L, JAPPELLI T, TERLIZZESE D. Income risk, borrowing constraints, and portfolio choice[J]. The American economic review, 1996, 86(1): 158-172.

[213] GUISO L, JAPPELLI T. Awareness and stock market participation[J]. Review of finance, 2005, 9(4): 537-567.

[214] GUISO L, SODINI P. Household finance: an emerging field[M] //Handbook of the Economics of Finance. Elsevier, 2013(2): 1397-1532.

[215] GUO H. A simple model of limited stock market participation[J]. Review-federal reserve bank of St. Louis, 2001, 83(3): 37-47.

[216] HALIASSOS M, BERTAUT C C. Why do so few hold stocks? [J]. The economic journal, 1995, 105(432): 1110-1129.

[217] HALKET J, VASUDEV S. Saving up or settling down: home ownership over the life cycle[J]. Review of economic dynamics, 2014, 17(2): 345-366.

[218] HAMOUDI A, DOWD J B. Housing wealth, psychological well-being, and cognitive functioning of older Americans [J]. The journals of gerontology series b: psychological sciences and social sciences, 2014, 69(2): 253-262.

[219] HANSON G H, SPILIMBERGO A. Illegal immigration, border enforcement, and relative wages: evidence from apprehensions at the U.S.-Mexico border[J]. American economic review, 1999, 89(5): 1337-1357.

[220] HAURIN D R, PARCEL T L, HAURIN R J. Does home-ownership affect child outcomes? [J]. Real estate economics, 2002, 30(4): 635-666.

[221] HEADEY B, WOODEN M. The effects of wealth and income on subjective well-being and ill-being[J]. Economic record, 2004, 80(S1): S24-S33.

[222] HELPMAN E. "The size of regions", topics in public economics[M]. London: Cambridge university press, 1998, 33-54.

[223] HENDERSON J V, IOANNIDES Y M. A model of housing tenure choice[J]. The American economic review, 1983, 73(1): 98-113.

[224] HERBERS D J, MULDER C H. Housing and subjective well-being of older adults in Europe[J]. Journal of housing and the built environment, 2017, 32(3): 533-558.

[225] HILARY G, HUI K W. Does religion matter in corporate decision making in America? [J]. Journal of financial economics, 2009, 93(3): 455-473.

[226] HOLLOWAY T M. The role of home-ownership and home price appreciation in the accumulation and distribution of household sector wealth[J]. Business economics, 1991, 26(2): 38 - 44.

[227] HONG H, KUBIK J D, STEIN J C. Social interaction and stock-market participation [J]. The journal of finance, 2004, 59(1): 137 - 163.

[228] HU F. Home-ownership and subjective well-being in urban China: does owning a house make you happier? [J]. Social indicators research, 2013, 110(3): 951 - 971.

[229] HUANG Z, DU X, YU X. Home ownership and residential satisfaction: evidence from Hangzhou, China[J]. Habitat international, 2015 (49): 74 - 83.

[230] IWAISAKO T. Household portfolios in Japan[J]. Japan and the world economy, 2009, 21(4): 373 - 382.

[231] JANG S C S, HAM S. A double-hurdle analysis of travel expenditure: baby boomer seniors versus older seniors[J]. Tourism management, 2009, 30(3): 372 - 380.

[232] JI J, XU X, RICH S L. Determinants of family life satisfaction in reforming urban China[J]. International journal of comparative sociology, 2002, 43(2): 169 - 191.

[233] JIANG D, LIM S S. Trust and household debt[J]. Review of finance, 2018, 22(2): 783 - 812.

[234] JOHNSON H B. The American dream and the power of wealth: choosing schools and inheriting inequality in the land of opportunity[M]. Abingdon: Routledge, 2014.

[235] KAAS L, KOCHARKOV G, PREUGSCHAT E. Wealth inequality and home-ownership in Europe[J]. Annals of economics and statistics, 2019 (136): 27 - 54.

[236] KAHLMEIER S, SCHINDLER C, GRIZE L, et al. Perceived environmental housing quality and well-being of movers[J]. Journal of epidemiology and community health, 2001, 55(10): 708 - 715.

[237] KILLEWALD A, BRYAN B. Does your home make you wealthy? [J]. RSF: the Russell Sage foundation journal of the social sciences, 2016, 2(6): 110 - 128.

[238] KINGSTON P W, FRIES J C. Having a stake in the system: the sociopolitical ramifications of business and home ownership[J]. Social science quarterly, 1994, 75 (3): 679 - 686.

[239] KNIGHT J, GUNATILAKA R. Does economic growth raise happiness in China? [J]. Oxford development studies, 2011, 39(1): 1 - 24.

[240] KNIGHT J, GUNATILAKA R. Great expectations? The subjective well-being of

rural-urban migrants in China[J]. World development, 2010, 38(1): 113 - 124.

[241] KNIGHT J, LINA S, GUNATILAKA R. Subjective well-being and its determinants in rural China[J]. China economic review, 2009, 20(4): 635 - 649.

[242] KNIGHT J. Inequality in China: an overview[J]. World bank research observer, 2014, 29(1): 1 - 19.

[243] LEVINSON D, CHRISTENSEN K. Encyclopedia of community: from the village to the virtual world[M]. California: Sage, 2003.

[244] LI S, SICULAR T. The distribution of household income in China: inequality, poverty and policies[J]. The China quarterly, 2014(217): 1 - 41.

[245] LIANG P, GUO S. Social interaction, Internet access and stock market participation - an empirical study in China[J]. Journal of comparative economics, 2015, 43(4): 883 - 901.

[246] LIN S, LI Z. Residential satisfaction of migrants in Wenzhou, an "ordinary city" of China[J]. Habitat international, 2017(66): 76 - 85.

[247] LOGAN J R, BIAN Y, BIAN F. Housing inequality in urban China in the 1990s[J]. International journal of urban and regional research, 1999, 23(1): 7 - 25.

[248] LOVENHEIM M F, REYNOLDS C L. The effect of housing wealth on college choice: evidence from the housing boom[J]. Journal of human resources, 2013, 48(1): 1 - 35.

[249] LUSARDI A, MITCHELL O S, CURTO V. Financial literacy and financial sophistication among older Americans[R]. Working paper: National Bureau of Economic Research, 2009.

[250] LYNCH A W, TAN S. Explaining the magnitude of liquidity premia: the roles of return predictability, wealth shocks, and state-dependent transaction costs[J]. The journal of finance, 2011, 66(4): 1329 - 1368.

[251] MARKOWITZ H. The utility of wealth[J]. Journal of political economy, 1952, 60(2): 151 - 158.

[252] MEEN G, NYGAARD A. Housing and regional economic disparities[R]. Working Papers: Swiss National Bank, 2010.

[253] MERTON R C. Optimal consumption and portfolio rules in a continuous-time model [M] //Stochastic optimization models in finance. Academic press, 1975: 621 - 661.

[254] MIAN A, SUFI A. House prices, home equity-based borrowing, and the US household leverage crisis[J]. American economic review, 2011, 101(5): 2132 - 2156.

[255] MORIN R A, SUAREZ A F. Risk aversion revisited[J]. The journal of finance, 1983, 38(4): 1201 - 1216.

[256] MUELLBAUER J, MURPHY A. Housing markets and the economy: the assessment[J]. Oxford review of economic policy, 2008, 24(1): 1 – 33.

[257] MYRDAL G. Economic theory and under-developed regions[M]. London: Duckworth, 1957.

[258] NAKAZATO N, SCHIMMACK U, OISHI S. Effect of changes in living conditions on well-being: a prospective top-down bottom-up model[J]. Social indicators research, 2011, 100(1): 115 – 135.

[259] NETTLETON S, BURROWS R. Mortgage debt, insecure home ownership and health: an exploratory analysis[J]. Sociology of health & illness, 1998, 20(5): 731 – 753.

[260] NETTLETON S, BURROWS R. When a capital investment becomes an emotional loss: the health consequences of the experience of mortgage possession in England[J]. Housing studies, 2000, 15(3): 463 – 478.

[261] NIELSEN I, SMYTH R, ZHAI Q. Subjective well-being of China's off-farm migrants[J]. Journal of happiness studies, 2010, 11(3): 315 – 333.

[262] ORVISKA M, CAPLANOVA A, HUDSON J. The impact of democracy on well-being[J]. Social indicators research, 2014, 115(1): 493 – 508.

[263] OSWALD F, WAHL H, MOLLENKOPF H, et al. Housing and life satisfaction of older adults in two rural regions in Germany[J]. Research on aging, 2003, 25(2): 122 – 143.

[264] PAINTER G, YANG X, ZHONG N. Housing wealth as precautionary saving: evidence from urban China[J]. Journal of financial and quantitative analysis, 2022, 57 (2): 761 – 789.

[265] PALOMINO J C, MARRERO G A, RODRIGUEZ J G. Inheritances and inequality of opportunity in wealth[R]. Mimeo, 2017.

[266] PELLETIER D, TUNC C. Endogenous life-cycle housing investment and portfolio allocation[J]. Journal of money, credit and banking, 2019, 51(4): 991 – 1019.

[267] PHANG S Y. House prices and aggregate consumption: do they move together? Evidence from Singapore[J]. Journal of housing economics, 2004, 13(2): 101 – 119.

[268] PIAZZESI M, SCHNEIDER M, TUZEL S. Housing, consumption and asset pricing [J]. Journal of financial economics, 2007, 83(3): 531 – 569.

[269] PIEKAŁKIEWICZ M. Why do economists study happiness? [J]. The economic and labour relations review, 2017, 28(3): 361 – 377.

[270] PIKETTY T, YANG L, ZUCMAN G. Capital accumulation, private property and rising inequality in China, 1978—2015 [J]. American economic review, 2019, 109 (7): 2469 - 2496.

[271] PORTER M, PARK A. Housing windfalls and intergenerational transfers in China [C] //Annual Meetings of the American Economic Association, 2014: 3 - 5.

[272] RATCLIFFE A. Wealth effects, local area attributes, and economic prospects: on the relationship between house prices and mental well-being [J]. Review of income and wealth, 2015, 61(1): 75 - 92.

[273] RATCLIFFE A. Housing wealth or economic climate: why do house prices matter for well-being? [R]. Working paper: Centre for Market and Public Organisation, University of Bristol, 2010.

[274] RATTSØ J, STOKKE H E. Population divergence and income convergence: regional distribution dynamics for Norway[J]. Regional studies, 2014, 48(11): 1884 - 1895.

[275] REN H, FOLMER H. Determinants of residential satisfaction in urban China: a multi-group structural equation analysis[J]. Urban studies, 2017, 54(6): 1407 - 1425.

[276] RENNEBOOG L, SPAENJERS C. Religion, economic attitudes, and household finance[J]. Oxford economic papers, 2012, 64(1): 103 - 127.

[277] RENTFROW P J, MELLANDER C, FLORIDA R. Happy states of America: a state-level analysis of psychological, economic, and social well-being[J]. Journal of research in personality, 2009, 43(6), 1073 - 1082.

[278] REX J, MOORE R. Race, community and conflict: a study of sparkbrook[M]. London: Oxford university press, 1967.

[279] ROHE W M, BASOLO V. Long-term effects of home-ownership on the self-perceptions and social interaction of low-income persons[J]. Environment and behavior, 1997, 29 (6): 793 - 819.

[280] ROHE W M, STEGMAN M A. The impact of home ownership on the social and political involvement of low-income people[J]. Urban affairs quarterly, 1994, 30(1): 152 - 172.

[281] ROSEN H S, WU S. Portfolio choice and health status [J]. Journal of financial economics, 2004, 72(3): 457 - 484.

[282] ROSENTHAL S S, HELSLEY R W. Redevelopment and the urban land price gradient[J]. Journal of urban economics, 1994, 35(2): 182 - 200.

[283] ROSSI P H, WEBER E. The social benefits of home-ownership: empirical evidence from national surveys[J]. Housing policy debate, 1996, 7(1): 1 – 35.

[284] SAIZ A. The geographic determinants of housing supply[J]. The quarterly journal of economics, 2010, 125(3): 1253 – 1296.

[285] SAMUELSON P A. Lifetime portfolio selection by dynamic stochastic programming [J]. The review of economics and statistics, 1969, 51(3): 239 – 246.

[286] SAUNDERS P. Beyond housing classes: the sociological significance of private property rights in means of consumption[J]. International journal of urban and regional research, 1984, 8(2): 202 – 227.

[287] SAUNDERS P. Social theory and the urban question[M]. Abingdon: Routledge, 2003.

[288] SEARLE B A, SMITH S J, COOK N. From housing wealth to well-being? [J]. Sociology of health & illness, 2009, 31(1): 112 – 127.

[289] SENIK C. Wealth and happiness[J]. Oxford review of economic policy, 2014, 30(1): 92 – 108.

[290] SHI W, CHEN J, WANG H. Affordable housing policy in China: new developments and new challenges[J]. Habitat international, 2016, 3(54): 224 – 233.

[291] SHILLER R J, WEISS A N. Home equity insurance[J]. The journal of real estate finance and economics, 1999, 19(1): 21 – 47.

[292] SILOS P. Housing, portfolio choice and the macroeconomy[J]. Journal of economic dynamics and control, 2007, 31(8): 2774 – 2801.

[293] SMYTH R, NIELSEN I, ZHAI Q. Personal well-being in urban China[J]. Social indicators research, 2010, 95(2): 231 – 251.

[294] TAO L, WONG F K W, HUI E C M. Residential satisfaction of migrant workers in China: a case study of Shenzhen[J]. Habitat international, 2014, 42(2): 193 – 202.

[295] TAYLOR A M, WILLIAMSON J G. Convergence in the age of mass migration[J]. European review of economic history, 1997, 1(1): 27 – 63.

[296] TAYLOR M P, PEVALIN D J, TODD J. The psychological costs of unsustainable housing commitments[J]. Psychological medicine, 2007, 37 (7): 1027 – 1036.

[297] TONG H, XIA P. Housing property rights, price expectations and residents' subjective well-being [J]. Journal of Qiqihar university, 2018(3): 68 – 72.

[298] TUFANO P. Consumer finance[J]. Annual review of financial economics, 2009, 1 (1): 227 – 247.

[299] TURNER T M, LUEA H. Home-ownership, wealth accumulation and income status [J]. Journal of housing economics, 2009, 18(2): 104 - 114.

[300] VISSING-JORGENSEN A. Perspectives on behavioral finance: does "irrationality" disappear with wealth? Evidence from expectations and actions[J]. NBER macroeconomics annual, 2003(18): 139 - 194.

[301] VISSING-JORGENSEN A. Towards an explanation of household portfolio choice heterogeneity: nonfinancial income and participation cost structures [R]. National Bureau of Economic Research, Inc, 2002.

[302] WACHTER J A, YOGO M. Why do household portfolio shares rise in wealth? [J]. The review of financial studies, 2010, 23(11): 3929 - 3965.

[303] WALDER A G, HE X. Public housing into private assets: wealth creation in urban China. [J]. Social science research, 2014(46): 85 - 99.

[304] WAN G, WANG C, WU Y. What drove housing wealth inequality in China? [J]. China & world economy, 2021, 29(1): 32 - 60.

[305] WANG D, WANG F. Contributions of the usage and affective experience of the residential environment to residential satisfaction[J]. Housing studies, 2016, 31(1): 42 - 60.

[306] WANG P, VANDERWEELE T J. Empirical research on factors related to the subjective well-being of Chinese urban residents[J]. Social indicators research, 2011, 101(3): 447 - 459.

[307] WANG S Y. Credit constraints, job mobility, and entrepreneurship: evidence from a property reform in China[J]. Review of economics and statistics, 2012, 94(2): 532 - 551.

[308] WANG S Y. State misallocation and housing prices: theory and evidence from China [J]. American economic review, 2011, 101(5): 2081 - 2107.

[309] WEI S J, ZHANG X. The competitive saving motive: evidence from rising sex ratios and savings rates in China[J]. Journal of political economy, 2011, 119(3): 511 - 564.

[310] WU J, GYOURKO J, DENG Y. Evaluating conditions in major Chinese housing markets[J]. Regional science and urban economics, 2012, 42(3): 531 - 543.

[311] XIE Y, JIN Y. Household wealth in China [J]. Chinese sociological review, 2015, 47 (3): 203 - 229.

[312] YAO R, ZHANG H H. Optimal consumption and portfolio choices with risky housing and borrowing constraints[J]. The review of financial studies, 2005, 18(1): 197 - 239.

[313] ZHANG C, FENG G. More wealth, less leisure? Effect of housing wealth on tourism expenditure in China[J]. Tourism economics, 2018, 24(5): 526 – 540.

[314] ZHANG C, ZHANG F. Effects of housing wealth on subjective well-being in urban China[J]. Journal of housing and the built environment, 2019, 34(4): 965 – 985.

[315] ZHANG F, ZHANG C, HUDSON J. Housing conditions and life satisfaction in urban China[J]. Cities, 2018(81): 35 – 44.

[316] ZHANG P, SUN L, ZHANG C. Understanding the role of home-ownership in wealth inequality: evidence from urban China (1995—2018)[J]. China economic review, 2021(69): 101657.

[317] ZHANG X, LI L, CHAI C, MA S. Housing increases happiness: investment attribute or residential attribute? [J]. Journal of financial research, 2015(10): 17 – 31.

[318] ZHAO W. Economic inequality, status perceptions, and subjective well-being in China's transitional economy[J]. Research in social stratification and mobility, 2012, 30(4): 433 – 450.

[319] ZHOU J, RONALD R. The resurgence of public housing provision in China: the Chongqing programme[J]. Housing studies, 2017, 32(4): 428 – 448.

[320] ZHOU Y, SONG L. Income inequality in China: causes and policy responses[J]. China economic journal, 2016, 9(2): 186 – 208.

[321] ZUMBRO T. The relationship between home-ownership and life satisfaction in Germany[J]. Housing studies, 2014, 29(3): 319 – 338.

索　引